AF561566

LE

PÈRE GASCHON

VIE

D'UN PRÊTRE D'AUVERGNE

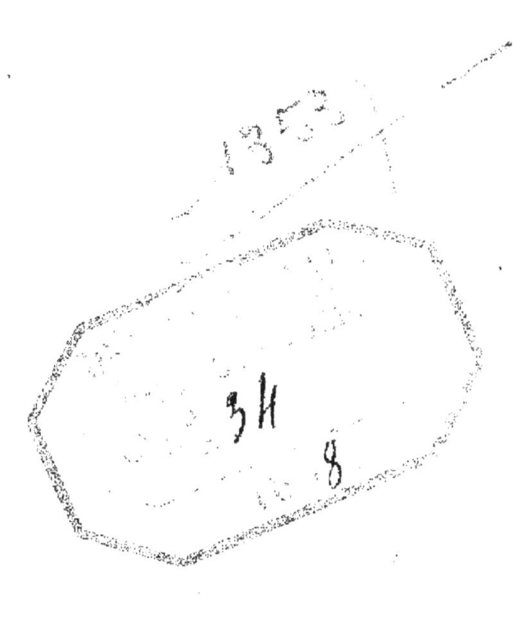

LE PÈRE GASCHON

VIE D'UN PRÊTRE D'AUVERGNE

Par M. l'Abbé GRIVEL,

CHANOINE DE SAINT-DENIS, ANCIEN AUMÔNIER DE LA CHAMBRE DES PAIRS, VICAIRE GÉNÉRAL DE BORDEAUX.

NOUVELLE ÉDITION ENTIÈREMENT REFONDUE ET AUGMENTÉE DE LA MESSE ET DES VÊPRES DU DIMANCHE.

AVEC APPROBATION.

AMBERT,

Chez DUPINET, Libraire-Éditeur.

1857.

PROTESTATION

Prescrite par N. S. P. le Pape Urbain VIII.

Notre Saint Père le Pape Urbain VIII, ayant défendu, par ses décrets des 13 mars 1625 et 16 juillet 1634, d'imprimer, sans l'examen et l'approbation de l'Evêque diocésain, aucun livre contenant les actions, les miracles et les révélations des personnes mortes en odeur de sainteté ou regardées comme martyrs; ayant en outre statué, par son décret du 5 juin 1631, que, dans le cas où l'on donnerait à ces personnes le nom de saint ou de bienheureux, on serait tenu de déclarer qu'on n'emploie ce titre que pour exprimer l'innocence de leur vie et l'excellence de leur vertu, sans nul préjudice à l'autorité de l'Église catholique, à laquelle seule appartient le droit de déclarer les saints et de les proposer à la vénération des fidèles : en conséquence de ces décrets, auxquels je suis sincèrement et inviolablement soumis, je proteste ici que je ne reconnais pour bienheureux ou pour vrais martyrs, que ceux auxquels le Saint-Siége apostolique accorde ces titres; et je déclare que tous les faits rapportés dans ce livre n'ont qu'une autorité privée, et qu'ils ne peuvent acquérir une véritable authenticité, qu'après avoir été approuvés par le Souverain-Pontife.

A M. le Curé d'Ambert !

A MM. les Curés et tous les Membres de l'ancien archiprêtré du Livradois !

Au Clergé d'Auvergne !

A tous nos Compatriotes !

A vous d'abord, vénérés Confrères, l'hommage de la *Vie du Père Gaschon* : il fut prêtre de Dieu : *Erat sacerdos Dei* (Gen. 4) ; à vous qui retracez sa vie par vos vertus et qui la perpétuez par vos exemples !

A vous aussi, chers Compatriotes, car le Père Gaschon fut l'ami de tous ses frères, et tout nous porte à croire qu'il intercède encore pour nos besoins et qu'il prie beaucoup pour tous les habitants de nos campagnes et de notre ville : *Hic est fratrum amator, qui multùm orat pro populo et civitate* (2 Macchab., c. 18) !

Votre affectionné confrère et concitoyen,

L'abbé Grivel.

La Vernadelle, 13 mai 1857.

AVANT-PROPOS.

La nouvelle édition de la *Vie du Père Gaschon* que nous publions aujourd'hui, est telle que nous l'avons annoncée il y a plus de six mois (*voir l'Echo de la Dore*).

On y trouvera ce que nous avons promis dès cette époque : 1° de nouveaux détails biographiques qui n'ont point été empruntés à d'autres productions du même genre, mais qui sont complètement inédits. *C'est donc bien notre propriété que nous offrons au public.*

2° Grâces aux nouveaux et intéressants documents que nous avons pu découvrir, cette nouvelle publication sera divisée en chapitres distincts avec des titres indicatifs des matières qu'ils renferment. Nous n'avions pu le faire dans la première édition, qui fut, comme nous l'avons dit, l'inspiration spontanée de notre cœur de compatriote, de chrétien et de prêtre, aussitôt exécutée que conçue, à l'époque du jubilé et de la mission d'Ambert, décembre 1851.

Mais dans l'un comme dans l'autre travail, nous avons mis à louer les œuvres du saint prêtre (1) d'Auvergne, la même simplicité qu'il mit en les

(1) Si nous appelons le Père Gaschon, le saint prêtre, nous ne voulons pas dire qu'il soit canonisé, mais qu'il a vécu saintement. C'est dans le sens de saint Paul, lorsqu'il écrivait : *Saluez tout ce qui est saint : Tous les saints vous saluent.*

faisant. Il y avait en effet, selon nous, dans la vie d'un homme comme le Père Gaschon, quelque chose de si saint, que tout mélange d'ornement étranger nous eût paru, en quelque sorte, une profanation. Un récit en rapport avec un sujet où l'art surtout ne devait point se montrer, était seul d'autant plus convenable que les vertus dont il s'agissait de parler étaient elles-mêmes plus simples et moins affectées.

Si donc d'une main pieuse il nous est arrivé de répandre quelques fleurs sur la tombe de l'homme de Dieu, elles n'ont été cueillies qu'aux lieux où croissent la fleur des champs et le lys de la vallée (1). Le parfum des louanges que nous lui avons offertes, n'a point été pris ailleurs que dans le sanctuaire, et nous sommes sortis de l'Egypte profane (2) pour dresser un monument funèbre à notre nouveau et saint patriarche.

Nous n'en dirons pas davantage à cet égard : nul n'est bon juge dans sa propre cause. Tel qui ne s'adresse qu'aux âmes pieuses et qui prend l'engagement d'être simple et d'avoir de l'onction, écrit souvent dans un style compassé, prétentieux et plus ou moins académique. Peut-être aussi nous faisons-nous illusion : c'est aux lecteurs d'en juger, aux lecteurs compétents et sérieux, qui ne se prononcent pas sur un ouvrage avant de l'avoir lu avec quelque attention, et qui ne jugent pas l'auteur par ce qu'il a dû ou par ce qu'il a cru faire, mais bien par ce qu'il a fait.

(1) Cant., 2, 21.

(2) Genes.

Quelques mots encore, mais sur tout autre chose.

Il ne sera peut-être pas sans intérêt pour nos lecteurs de leur faire connaître les sources où nous avons puisé les nouveaux matériaux que nous avons mis en œuvre.

Nous avions égaré les notes si précises que nous avaient fornies sur la vie que nous écrivons deux des neveux du Père Gaschon, et nous les avons retrouvées; elles nous ont été utiles surtout pour retracer ses premières années et ses premiers débuts dans la carrière ecclésiastique. Ces particularités toutes personnelles, toute d'intérieur, étaient des souvenirs de famille pieusement conservés, pieusement transmis.

En retrouvant ces notes, que nous avions longtemps mais inutilement cherchées, nous avons été saisi d'un sentiment plein de respect; elles nous ont apparu comme des renseignements qui nous venaient d'outre-tombe, car les deux hommes distingués, les deux hommes de bien qui nous les avaient confiées, n'étaient plus de ce monde. L'un était mort conseiller de la Cour impériale à la Martinique; l'autre, peu de temps après la visite qu'il nous fit ici, avait succombé par suite d'une cruelle maladie dans le département de l'Hérault, où il était ingénieur en chef.

Ces notes avaient et ont encore pour nous plus d'un genre de touchant intérêt. Elles nous ont rappelé l'accueil si bienveillant et si affectueux que le titre de compatriote du *saint prêtre* nous valut tout d'abord dans la maison toujours hospitalière de M. Gaschon, lors de notre premier carême à Montpellier, et que nous ne devions point, hélas! retrouver, non plus que son admirable épouse, quand nous y sommes revenu quelques années plus tard.

Elles nous ont rappelé cette jeune Cécile Gaschon, si pieuse, et qui donnait de si belles espérances; qui, à notre départ, nous avait chargé d'appendre sur la tombe de son vénérable parent, comme un *ex-voto* de sa tendresse respectueuse, un charmant tableau de vierge, gracieuses prémices de son pinceau déjà si remarqué.

Elles nous ont rappelé cette autre nièce du Père Gaschon (1), si heureusement douée, dont à Paris nous avions béni l'union avec le neveu de l'ancien évêque de Metz, Monseigneur Jauffret, et qui, elle aussi, peu de temps après, alla rejoindre son oncle au ciel.

Elles nous ont rappelé toutes les relations de précieuse intimité que nous avons eues avec cette famille Gaschon, si digne d'être la famille d'un saint (2)!

Beaucoup de personnes peuvent encore s'en ressouvenir, nous avions à Ambert un homme qui avait des rapports de tous les jours avec le Père Gaschon, et qui, par suite du culte tout particulier de vénération qu'il lui avait voué, recueillait sur le papier tout ce qui lui paraissait digne de remarque dans les paroles et dans les actes du pieux aumônier de l'hôpital.

(1) Elle était fille d'un troisième neveu du Père Gaschon, conseiller à la cour impériale, à Paris.

(2) Cette famille est représentée, en Auvergne, par un petit neveu du Père Gaschon, M. Bernet, juge d'instruction à Riom. On aime à retrouver en lui des traits de ressemblance de plus d'un genre avec son grand'oncle.

Nous n'avons pu avoir tous les écrits de M. Jean sur ce sujet, mais nous en avons parcouru un très-grand nombre que nous avons mis à profit.

Enfin, nous avons fait une enquête minutieuse et plus d'une fois réitérée dans presque toutes les localités qu'avait habitées le Père Gaschon. Nos soins n'ont pas été sans résultat.

Bien souvent des personnes qui croyaient n'avoir rien d'intéressant à nous apprendre, dans le cours de la conversation, quand leur attention était excitée, nous rappelaient quelques-uns de ces mots et de ces actes qui étaient comme autant de coups de pinceau ajoutés à la ressemblance de cette belle et grave physionomie que nous avons voulu représenter d'après nature. La simplicité avec laquelle tout cela nous était dit, y donnait de nouveaux charmes. C'étaient des joyaux dont on ignorait la valeur, mais précieux pour nous, et que nous n'avions plus qu'à enchâsser. Plus d'une fois aussi, nos souvenirs personnels, qui sommeillaient en quelque sorte, se sont réveillés au contact des souvenirs des autres, et nous nous sommes rappelé plusieurs particularités dont nous avions été l'heureux témoin dans notre enfance, ou que nous avions entendu raconter.

C'est à l'aide de ce concours de moyens réunis, que nous avons pu combler bien des lacunes, remplir par des faits dans toute leur primeur, et qui n'étaient pas tombés dans le domaine public, le cadre que nous nous étions tracé ; et sans nous occuper de banalités et de lieux communs qui n'ont rien de sérieux, pour ne pas dire autre chose, donner à la vie du père Gaschon un véritable complément.

LE

PÈRE GASCHON

VIE

D'UN PRÊTRE D'AUVERGNE.

CHAPITRE PREMIER.

Aperçu général sur la vie du Père Gaschon.

Dieu nous ordonne de travailler à notre sanctification, et, parmi les secours que l'Église, interprète de ses lois et de ses volontés, met à notre disposition pour l'accomplissement de ce précepte, elle compte pour beaucoup l'exemple des saints et de ceux de nos frères bénis du Ciel, qui ont fait de sensibles progrès dans les voies de la perfection.

Elle veut que l'on écrive leur vie, afin qu'elle nous serve tout à la fois d'encouragement et de modèle. Celle de l'homme juste, *du saint prêtre*, que nous entreprenons de retracer pour la seconde fois, d'une manière plus complète, n'offre rien d'éclatant et d'extraordinaire, rien de grand selon le monde, rien de piquant pour les idées du siècle. Le fond d'une province reculée fut son berceau, comme l'humble théâtre de son zèle et de ses travaux apostoliques. Ses vertus, qu'il faut aller chercher dans les profondeurs de l'humilité où elles se cachent, nous apparaissent simples, ordinaires, communes. Il semble que le Père Gaschon soit *un homme comme nous tous* (1).

Il n'attire les regards, ni par la position qu'il a occupée, ni par les évènements auxquels son nom se trouve mêlé. Pourquoi donc, alors, s'occuper de lui d'une manière exceptionnelle, et reproduire au grand jour cette existence toute d'une tenue, si modestement et si simplement écoulée? Pourquoi? La vertu, pour être plus cachée, en est-elle moins belle? Pour être dégagée des rayons de la gloire, en est-elle moins pure? Tous sont-ils apôtres? Tous sont-ils prophètes, dans la grande et exacte acception de ce mot? Tous sont-ils ravis au troisième ciel? Les astres du monde moral comme les astres du monde matériel brillent-ils tous de la même lumière? Une étoile ne diffère-t-elle pas en grandeur et en éclat d'une autre étoile? N'y a-t-il pas différents étages dans la sainteté comme *il y a, plusieurs demeures dans la maison du Père céleste?* Mais Dieu est toujours admirable dans ses élus.

(1) Saint Jacques.

En ces jours d'apathie et de langueur morales, où le zèle de la perfection est si refroidi, pour ranimer notre foi et notre piété, pour laisser notre lâcheté sans prétextes et sans excuses, Dieu nous présente des modèles que nous ne saurions récuser, parce qu'ils semblent proportionnés à notre faiblesse. Il daigne les accorder à nos besoins et à ceux de l'Eglise. Il les fait naître, croître et grandir sous nos yeux. Leur vertu nous paraît accessible, pas trop au-dessus de nos forces, et analogue, si j'ose le dire, à la mesure ordinaire des grâces que le Seigneur nous accorde.

C'est ainsi que le père Gaschon est né parmi nous, dans la décadence des siècles de ferveur; que, par sa fidélité à la grâce, il s'est élevé à une perfection à laquelle nous rendons tous hommage, et qui ne doit pourtant désespérer personne. Modèle des derniers temps, modèle contemporain, il marche devant nous. On dirait qu'il ne nous précède que de quelques pas dans la carrière; il fait luire à nos yeux, ni de trop haut, ni de trop loin, une douce et paisible lumière; et s'il m'était permis d'employer cette expression que j'ai lue quelque part, le langage qu'il nous adresse semble être la prose du royaume du ciel, que chacun croit pouvoir parler. Mais considérez-le avec attention, écoutez-le de même, et vous verrez et vous comprendrez que cet homme, qui paraît *semblable à nous tous*, a fait ce que nous ne faisons pas, ce que nous devrions tous faire : il a pratiqué le bien, évité le mal ; et qu'en agissant ainsi il a mérité d'être loué par le Maître, par celui qui seul est le juste appréciateur de ce qui mérite d'être loué (1).

Et ne voilà-t-il pas encore un portrait qui lui ressemble, et que nous trouvons admirablement tracé dans nos saints livres ? « C'était » un homme vraiment bon et plein de dou- » ceur, modeste dans son visage, mesuré et » réglé dans sa conduite, agréable dans ses » discours, et qui s'était exercé dès son en- » fance à toutes sortes de vertus (2). »

Lisez, et daigne le Seigneur répandre sa bénédiction sur ce petit livre, sa bénédiction sur ceux qui le liront, sa bénédiction sur celui qui l'a écrit, afin que ce qu'il a écrit ne tourne pas un jour à sa confusion !

CHAPITRE II.

Premières années du Père Gaschon. — Sa naissance. — Sa première éducation. — Ses premières études. — Sa première communion. — Départ pour Billom. — Trois ans de collége.

Le Père Gaschon, qui pendant sa vie fut l'apôtre et le bienfaiteur de son pays, et qui,

(1) Eccl., 21.
(2) Macchab., 15, 12.

comme nous osons l'espérer, est encore après sa mort notre protecteur et notre intercesseur auprès de Dieu, naquit le 30 août 1752, à la Molette, petit village situé dans la commune d'Auzelle, arrondissement d'Ambert (Puy-de-Dôme), et qui serait demeuré, selon toute apparence, à jamais inconnu, sans le bienfait de cette providentielle naissance.

A son baptême, cet enfant appelé à de si édifiantes destinées reçut le nom de François, nom de douce et heureuse espérance, déjà si cher à l'Eglise, porté et illustré par un grand nombre de saints (1), et qui une fois encore devait faire honneur à la religion et à l'apostolat catholiques.

Il appartenait à une de ces familles aux vertus et aux mœurs patriarcales, comme il y en avait alors plusieurs dans nos montagnes, que Dieu se plaît à récompenser en leur donnant des enfants selon son cœur.

Ses parents (2), sans être riches, possédaient en biens fonds une fortune suffisante pour fournir honorablement à leurs besoins. Leurs goûts étaient simples; ils s'alliaient on ne

(1) Saint François Xavier, saint François de Salles, saint François Régis, etc.

(2) A deux petites lieues de la Molette, dans la commune de Saint-Amand-Roche-Savine, existe un village assez considérable appelé Gaschon; tout porte à penser que la famille de ce nom sortait de là lorsqu'elle vint s'établir à la Molette. On y trouve encore des Gaschon.

peut mieux avec de douces et paisibles habitudes que diverses circonstances avaient ménagées. Une habitation modeste et isolée faisait leur demeure (1) ; la surveillance de quelques travaux agricoles formait leur occupation ; des exercices religieux présidaient à toutes leurs œuvres et les sanctifiaient, et leur ambition, s'ils en avaient une sur la terre, était de mériter l'estime dont ils jouissaient.

Ce fut au sein de cette famille, où la piété et les vertus héréditaires se maintenaient et se perpétuaient sous la garde des traditions domestiques, que l'enfant puisa, autant dans les exemples que dans les leçons de tous ceux qui l'entouraient, ces premiers et précieux principes qui influent sur la vie tout entière. Les germes de cette éducation toute chrétienne prirent en lui un rapide développement par les soins de son oncle maternel, l'abbé Pallas, curé d'Eglise-Neuve, homme d'un grand sens, aussi pieux qu'éclairé, qui cultiva avec une tendre affection les heureuses dispositions de l'esprit et du cœur de son jeune neveu, qu'il avait fait venir auprès de lui. Sa candeur, sa retenue, son application, sa piété et les autres caractères distinctifs par lesquels Dieu semblait l'avoir marqué pour être *sien*, annonçaient, dès son bas âge, ce qu'il serait un

(1) Notes et souvenirs de famille.

jour ; aussi, les confrères comme les gens du monde, qui venaient au presbytère d'Eglise-Neuve, avaient-ils tous la même pensée à cet égard, et ne cessaient de répéter : *Cet enfant deviendra un saint prêtre* (1).

C'était en outre un spectacle bien édifiant pour la paroisse, que de voir tous les jours ce même enfant, aussitôt que sonnait le premier coup de l'*Angelus*, se rendre à l'église avec un empressement qui ne se démentait jamais, se prosterner au pied de l'autel éclairé seulement par la lampe du sanctuaire, les mains jointes, les yeux baissés, dans une posture de corps, dans une disposition d'esprit profondément humble et recueillie. Ce spectacle pénétrait d'admiration tous ceux qui en étaient témoins. Bientôt la messe se célébrait, et c'était encore le petit François qui la servait avec une modestie et une ferveur vraiment angéliques. Les jours de dimanche et de fête, comme cet autre enfant dont il est parlé dans les divines Ecritures (2), le jeune Gaschon paraissait dans le chœur de cette église de campagne, vêtu de l'éphod de lin dont la blancheur était le symbole de l'innocence et de la pureté de son âme. C'était encore lui qui le samedi soir s'occupait de la propreté si bien séante au lieu

(1) Notes et souvenirs de famille.

(2) I Reg., 2, 18.

saint, de la décoration et de l'ornement des autels; et son vénérable parent, comme saint Jérôme, à des soins si zélés et si assidus reconnaissait toujours son cher et aimable Népotien.

Quand, pour prix de ses services pieux, le curé d'Eglise-Neuve lui donnait ce qu'il appelait son petit traitement de semaine, le jeune serviteur de Dieu était tout heureux de partager son petit trésor avec les pauvres, qu'il nommait *ses pensionnaires* (1). Ainsi, dès sa plus tendre enfance, se révélèrent en lui deux affections dominantes, qui se confondirent et devinrent bientôt comme la vie de son âme, l'amour de Dieu et l'amour des pauvres.

Tels étaient les sentiments et les dispositions de cet enfant vraiment privilégié. Il avait alors douze ans, quand vint luire pour lui le plus beau jour de sa vie, le jour de sa première communion. Il ne pouvait suffire à son bonheur, il l'exprimait par ses transports, par un redoublement de ferveur : il aurait voulu le faire partager à tous ceux qui l'entouraient par ses expressions pleines de foi, de reconnaissance et d'amour (2).

Cependant, après avoir fait ses classes élémentaires sous son oncle, jusqu'en quatrième

(1) Notes et souvenirs de famille.

(2) Notes et souvenirs de famille.

inclusivement, il fut placé par ses parents au collége de Billom, tenu par les Jésuites, et qui jouissait alors à juste titre d'une grande célébrité, et il y passa trois ans.

S'étant livré avec ardeur et persévérance à l'étude, il ne tarda guère à se faire remarquer par ses progrès rapides, et à la fin de chaque année il obtenait d'honorables et nombreux triomphes. Mais le jeune élève attachait peu d'importance à ces trophées de l'enfance; il soupirait déjà après des conquêtes plus dignes de ses efforts généreux, et que lui réservait la Providence..., car déjà au pied des autels et au fond de son cœur il s'était voué au sacerdoce.

Aussi l'ensemble de sa conduite, sa tenue, ses manières, sans avoir rien d'affecté, étaient empreintes de quelque chose de grave et d'imposant, qui inspirait le respect à ses plus pétulants camarades. Dès qu'ils le voyaient venir de loin, ils coupaient court à la légèreté de leurs propos et, s'exprimant sur son compte comme on parlait autrefois de saint Bernardin de Sienne : *Voilà Gaschon*, disaient-ils, *voilà le saint qui arrive!...* (1).

(1) Notes et souvenirs de famille.

CHAPITRE III.

Séjour à Clermont. — Le petit et le grand séminaire.— Ordination. — Vicariat. — Départ pour Toulouse. — Paroles remarquables de Mgr de la Garlaye. — Retour dans le diocèse dans l'intention de s'attacher à la Mission. — Motifs de cette détermination.

François Gaschon, après avoir terminé sa rhétorique au collége de Billom, vint au petit séminaire de Clermont, pour y faire sa philosophie. Cet établissement-pensionnat, fondé en 1714, était sous la direction de MM. de Saint-Sulpice; l'abbé Gontier en était alors supérieur.

Toujours semblable à lui-même, le jeune séminariste gagna bientôt l'estime et l'affection toute particulière de ses maîtres, qui voyaient croître en lui la science avec la piété; et, chose assez remarquable, à la fin de l'année il obtint un prix dans les mathématiques, qu'on enseignait alors avec succès au petit séminaire de Clermont.

Un an après, il entra au grand séminaire, également dirigé par les Sulpiciens (1)

(1) Le grand séminaire avait été fondé sous l'épiscopat de Mgr Louis d'Estaing, par le clergé de son diocèse. L'église paroissiale, sous le vocable successif de Saint-Maurice, de Saint-Bonnet et de Saint-Ferréol, y fut annexée; mais elle était plus généralement connue sous le nom de paroisse du grand séminaire. Elle était desservie par un Sulpicien.

Les cours de théologie, à cette époque, ne se faisaient pas tout-à-fait comme aujourd'hui et duraient moins longtemps; les élèves qui aspiraient aux ordres sacrés venaient seulement au grand séminaire pendant une retraite de neuf mois et demi, qui commençait le 1er novembre et finissait à Notre-Dame d'août, pour y puiser dans les exemples et les instructions des supérieurs les vertus et les talents nécessaires à l'état auguste auquel ils se destinaient. Là encore, le studieux et fervent lévite se fit remarquer par ses éminentes dispositions au saint ministère. Il était l'édification générale, et M. Le Gallic, supérieur de la maison, le même qui fut appelé à la haute direction de sa compagnie, le proposait à tous comme un parfait modèle.

Nous l'avons vu, l'enfance et la jeunesse du Père Gaschon ne furent qu'une préparation continue, un long noviciat au sacerdoce; on pouvait dire aussi de lui *qu'il vivait en prêtre avant d'être revêtu de cette dignité;* et cependant telle était sa profonde humilité, qu'il voulut ajouter une année de plus de probation aux épreuves exigées pour la vocation cléricale. Il fut enfin ordonné prêtre par Mgr de La Garlaye, successeur de Massillon, par ce prélat si aimé, si vénéré et si digne de l'être, qui, pendant son long épiscopat de 1742 à 1776, ne cessa par sa simplicité et par sa charité de retracer la conduite des plus saints et des plus admirables évêques de la primitive Eglise.

A peine marqué du caractère sacré, l'abbé Gaschon débuta comme ministre des autels d'abord à Saint-Amant-Roche-Savine et ensuite à Olliergues, avec un grand succès et une grande édification. Il remplit dans cette dernière localité, comme il l'avait fait dans la première, les fonctions de vicaire. Son séjour dans ces deux paroisses y a laissé des souvenirs de vénération et de sainteté, que les pères ont transmis à leurs enfants, et qui sont encore vivants au milieu d'eux.

C'est qu'en effet, humble dans ses sentiments, simple dans ses vues, ne s'occupant que de son ministère, s'oubliant lui-même, dévoré de zèle pour le salut des âmes, on voyait qu'il ne faisait le bien que pour le bien, qu'il ne recherchait point les avantages temporels attachés à la vertu et à la piété, mais qu'il n'aimait et ne pratiquait la vertu et la piété, que pour elles-mêmes; qu'en un mot, *il était prêtre de Dieu*, suivant toute la signification de cette belle expression de la sainte Ecriture.

On l'a dit souvent, celui qui sait le moins, se figure toujours qu'il est assez savant; celui, au contraire, qui sait le plus, est ordinairement celui qui croit ne point assez savoir, et c'était bien ainsi que devait penser l'abbé Gaschon. En effet, plein de défiance en lui-même et se regardant comme inférieur à ses augustes fonctions, il résolut d'aller à Toulouse, où étaient déjà deux de ses frères (1), pour compléter sur divers points son instruction, dans cette université qui avait de ce temps-là un très-grand renom.

Avant tout, comme on peut bien le penser, il avait sollicité auprès de ses supérieurs et avait obtenu d'eux l'autorisation de faire cette absence temporaire ; mais il ne voulut pas partir sans avoir pris congé de son Evêque et demandé sa bénédiction. Cette faveur, à laquelle il attachait un grand prix, lui fut accordée gracieusement par Mgr de la Garlaye, qui l'accueillit en outre avec cette aménité pleine d'affection et de bonhomie qui lui était habituelle quand il recevait ses prêtres, et qui le mettait comme de niveau avec eux. Le bon Evêque lui donna quelques conseils

(1) Anne-Marie Gaschon, prêtre d'un grand savoir, qui fut nommé curé à Fournols, ensuite à Aix-Lafayette, où il mourut en 1791 ; Louis Gaschon, docteur *in utroque jure*, étant reçu avocat, se fixa à Riom, où siégeait l'ancienne sénéchaussée de cette province. Après avoir exercé quelque temps les fonctions de juge au tribunal de district d'Ambert, il retourna à Riom ; il s'y maria et eut un assez grand nombre d'enfants. Atteint d'une maladie occasionnée par la perte de la plus tendre des mères et de la plus vertueuse des épouses, il mourut lui-même en 1819, laissant, comme jurisconsulte et comme avocat, des souvenirs honorables que trente ans d'exercice avaient mérités.

qui, sortant d'une bouche comme la sienne, ou plutôt de son cœur, étaient toujours doux à recevoir, et après l'avoir béni, il l'embrassa affectueusement, et lui dit : *Adonc*, en employant cette locution qui lui était familière, *adonc, mon cher abbé, c'est avec plaisir que je vous vois aller à Toulouse la sainte* (1) ; *c'est là aussi qu'a étudié saint Vincent de Paul.*

Ne semble-t-il pas que le prélat avait l'intuition que ce jeune et humble prêtre qui était devant lui aurait un jour plus d'un trait de ressemblance avec le saint que l'Eglise avait récemment canonisé et qui fut, comme on sait, animé d'un zèle égal pour la gloire de Dieu et le salut du prochain, et qui aima la pauvreté comme il aimait les pauvres? Si, comme ses deux frères, nous dit le neveu du père Gaschon, mon oncle François eût prétendu à quelque bénéfice ou a quelque emploi, il eût également, comme eux, pris ses grades; mais telles n'étaient pas ses intentions. Il suivit avec un succès marqué le cours de première licence, mais ne voulut pas en prendre les degrés, si honorables pour ceux qui ne les devaient qu'à leur mérite. Il se contenta de s'en rendre digne. Ainsi qu'il le disait lui-même, il ne voulait point exercer

(1) *Tolosa sancta*, c'était le nom qu'on lui donnait de temps immémorial.

de fonctions qui auraient pu l'investir de quelque prééminence ou de quelque autorité, il voulait tout simplement se rendre utile. *Non præesse sed prodesse*, c'était sa devise, et nous verrons qu'il ne cessa jamais d'y être fidèle.

Ainsi donc, après avoir passé près de deux ans à Toulouse, dans l'application des études sérieuses, il en repartit et revint en Auvergne avec la résolution bien arrêtée d'entrer dans les missions diocésaines, auxquelles la voix de sa conscience et celle de son évêque lui avaien fait connaître qu'il était appelé.

J'aime les missions, disait-il en substance à ses frères, parce que c'est un heureux mélange et une alternative de discipline régulière et de ministère évangélique, d'action et de retraite, de prière et d'apostolat. La vie du missionnaire est partagée entre un repos toujours occupé et un travail qui est toujours apostolique, et puis tout le porte et le ramène vers Dieu. La règle le conduit, l'exemple le soutient, la ferveur des autres le ranime, et il fait par une heureuse nécessité ce qu'il ne ferait peut-être pas par inclination et s'il était livré à lui-même. Des travaux et des mérites de chacun se forme un fonds commun qui profite à tous, et dont en mon particulier je sens que j'ai un extrême besoin (1).

(1) Manuscrits du Père Gaschon.

CHAPITRE IV,

Coup d'œil sur la Mission diocésaine.—Le Père Gaschon entre à Banelle. — Ce qu'était la Mission quand il en faisait partie. — Ses travaux, ses succès.— Souvenirs qui s'y rattachent.—Son humilité.—Comment il prêchait d'abondance.

Ce fut sous l'épiscopat de Mgr François Bochard de Saron, en 1691, que les missionnaires du clergé s'établirent à Clermont. Sous Massillon (1737), ils furent unis à la communauté de Saint-Austremoine. Un homme dont le nom ne doit pas être oublié dans les souvenirs diocésains, et qui n'avait pas moins de bienfaisance que de piété, M. Croisat, contribua pour une somme considérable aux frais de construction et à la dotation de la première maison, que les missionnaires firent bâtir près de Fontgiève (1). Plus tard, ils en acquirent successivement plusieurs autres, et notamment celle de Notre-Dame-de-Banelle, située dans le Bourbonnais, non loin d'Escurolles. A son retour de Toulouse, c'est là que fut envoyé le Père Gaschon.

Poussé par ce besoin de dévouement pour la gloire de Dieu et pour le salut de ses frères,

(1) C'était aussi un lieu de retraite pour les vieux prêtres qui avaient épuisé leur santé au service du diocèse.

que la foi n'inspire dans cette mesure qu'aux âmes d'élite, il s'attacha par des liens qu'il croyait indissolubles à cette œuvre qui a rendu et qui rend encore de si grands services à l'Église. Et n'en avons-nous pas été les heureux témoins? Ambert n'a-t-il pas vu dans ses murs ces missionnaires successeurs et compatriotes du Père Gaschon? Ces hommes de Dieu qui, en arrivant au milieu de nous et à l'ouverture de leurs saints travaux (1), ont invoqué le nom et le souvenir de leur glorieux prédécesseur, n'ont-ils pas marché sur ses traces? Et celui qui du fond de son tombeau, ou plutôt du haut des cieux, veille avec amour sur le champ que fécondèrent ses sueurs, le Père Gaschon n'a-t-il pas dû bénir leur mission, applaudir à leurs efforts? Et en voyant tant de zèle et de dévoûment, n'a-t-il pas dû reconnaître sa descendance dans cette milice jeune encore, mais déjà si avancée dans la science de Dieu? Voilà pourquoi, de ce sol déjà si riche et d'ailleurs si bien préparé, a surgi devant nous une si belle et si consolante moisson.

A l'époque où le Père Gaschon en faisait partie, la mission diocésaine comptait dans son sein des hommes infiniment respectables,

(1) Mission et jubilé du mois de décembre 1851.

ouvriers actifs, zélés, intelligents (1), directeurs habiles et pieux modèles, qui évangélisèrent successivement presque toutes les parties de notre grand et beau diocèse. J'ai trouvé dans les registres de plusieurs paroisses des détails sur les opérations de ces hommes apostoliques. Rien ne saurait donner une idée des peines qu'ils prenaient pour semer le grain précieux de la foi souvent dans une terre ingrate, pour réformer les mœurs corrompues des habitants et dissiper parmi eux les ténèbres de l'ignorance. On aurait dit qu'ils donnaient à leur zèle toutes les formes pour en diversifier et en assurer les effets heureux. Ils apaisaient les dissensions, terminaient les procès, réconciliaient les familles, se livraient en chaire à tout l'entraînement de leur ardeur au salut des âmes, passaient les jours entiers et une partie de la nuit au tribunal de la pénitence, pour justifier le coupable aux yeux du Seigneur par la grâce ineffable du sacrement, trouvaient à peine le temps de réparer les forces du corps par quelques heures de repos, par une nourriture frugale, et d'élever leur esprit vers le Seigneur par la récitation de l'office divin ou l'oblation du saint sacrifice.

(1) Entre autres, le Père Cornudet, le Père Marcland, dont les sermons eurent de la réputation, et le Père Vrai de Saint-Anthelme, qui avait un talent remarquable pour les conférences.

Telle était la tâche que s'étaient imposée et que remplissaient les missionnaires. Mais de tous ces noms justement vénérés par les contemporains, le seul qui ait échappé non-seulement à l'oubli, *ce fleuve de mort courante*, mais qui ait conservé au milieu de nos populations, et dans toute son intégrité, *la fraîcheur* de sa popularité, c'est celui du Père Gaschon. S'il est dans nos montagnes une date de précieux souvenir, c'est celle d'une de ces missions dont nous avons parlé, et qui, bien que faite par plusieurs, n'a pas d'autre désignation que celle-ci : *la mission du Père Gaschon*. Quand le peuple veut manifester son admiration pour un ministre du Seigneur, dont la sainte éloquence le frappe et l'entraîne, il a une formule devant laquelle pâliront tous les autres éloges : *On dirait que c'est le Père Gaschon*. Si, dans quelques-unes des paroisses de nos contrées qui se cachent au fond de nos vallées profondes, ou qui sont placées sur le sommet de nos montagnes escarpées, il vous arrive de rencontrer une de ces croix en si petit nombre qui ont échappé aux ravages de 93, n'en doutez pas, cette conservation presque miraculeuse est un fait où l'influence du nom et du souvenir de notre saint missionnaire n'est point étrangère. Le supérieur des missionnaires actuels de Clermont, M. l'abbé Blazin, me disait que l'année passée il avait fait une mission à Saint-Ignat, et qu'à l'époque de la plantation de la Croix, on eut un instant l'idée d'en déplacer une autre en fer qui était tout près de là. Ce vieux et respectable monument avait été élevé pour consacrer pareille faveur du Ciel, une mission qui avait eu lieu dans le pays l'an de grâce 1779; mais ce projet de déplacement et de translation n'eut pas de suite, car à peine les habitants en furent instruits qu'ils réclamèrent tous d'une voix unanime, disant que c'était *la croix du Père Gaschon et qu'il ne fallait point y toucher*. Les missionnaires, qui ignoraient cette particularité, émus de cet hommage de respect et d'affection rendu à la mémoire de leur saint prédécesseur, s'empressèrent de faire droit à de si justes réclamations, et furent heureux d'abriter la nouvelle croix à l'ombre de celle du Père Gaschon. Ne croirait-on pas assister à une de ces scènes touchantes des anciens jours, alors que les enfants des patriarches, dans leurs pérégrinations à travers le désert, reconnaissaient à quelques-unes de ces pierres commémoratives les traces de leurs pères, et aussitôt se prosternaient devant ces signaux sacrés?

Mais revenons. Cette supériorité, toute de vertu et de mérite, attribuée par le peuple à son missionnaire de prédilection, était aussi reconnue et admirée avec une édifiante humilité par ses confrères et ses collaborateurs. J'en trouve la constatation dans une lettre du Père Lavéroux, adressée à M. Chambroty, curé d'Olliergues, prêtre d'un haut mérite et d'un grand renom. « Le Père Gaschon, est-il dit dans cette lettre, est notre modèle dans les moindres détails de sa vie, aussi bien que notre maître à tous comme missionnaire; rien ne saurait vous donner une idée des merveilles de ses succès apostoliques. A l'exemple du grand apôtre, il sait se faire tout à tous. Quelle ardeur pour le salut des âmes! quel zèle pour corriger les vices et en même temps quelle charité pour les pécheurs! Nous le reconnaissons, nos efforts seraient bien peu de chose, s'ils ne participaient par une espèce d'emprunt à l'abondance des bénédictions du Ciel que les vertus de notre confrère attirent sur ses travaux et sur les nôtres. » Telle était la réputation du Père Gaschon; lui seul l'ignorait et s'accusait d'insuffisance. Il se reprochait ce qu'il appelait ses mécomptes, ses erreurs. « Que de fois, disait-il, à l'un de ses confrères, avec une touchante naïveté, je me suis trompé en suivant mes propres idées, et faute à moi de ne pas avoir assez consulté les autres, et surtout le curé de la paroisse, qui seul peut nous apprendre à qui nous avons à faire! Oh! qu'il est difficile de faire le bien, et de le faire sans amour-propre et sans retour sur soi-même! J'ai été tenté souvent de prier le bon Dieu de recevoir ma démission de missionnaire.— Que dites-vous là, père Gaschon? lui répondit le confrère; Dieu ne détruit pas lui-même son ouvrage, il n'aurait point accepté votre démission. »

Quand dans l'intervalle des missions le Père Gaschon revenait à Banelle ou à l'Ermitage, autre maison qui appartenait aux missionnaires, près de Noirétable, ce n'était point pour prendre du repos, mais pour se livrer à de nouvelles études. Si parfois il était dérangé pendant le jour, il retrouvait la nuit, sur les heures de son sommeil, le temps pour pouvoir lire, étudier et méditer beaucoup. Le grand nombre de sermons qu'il avait écrits, prouve qu'il y avait en lui un riche fonds et une prodigieuse fécondité. Ses recherches, ses notes, ses précieuses acquisitions, lui furent d'un grand secours, lorsque, dans l'intention de se rendre plus fréquemment et plus immédiatement utile, il sentit bientôt la nécessité de parler d'abondance; mais il ne le faisait jamais qu'après être resté longtemps prosterné aux pieds de son crucifix, attendant du Père des lumières celles que l'étude ni les livres n'auraient pu lui donner (1).

(1) Nous ferons connaître plus loin sa manière de prêcher.

CHAPITRE V.

Le Père Gaschon pendant la révolution. — Elle le trouve pauvre. — Sa fidélité. — Il affermit celle des autres. — Sa vie errante. — Utile. — Particularités remarquables. — Sa résignation et sa charité. — Bel exemple qu'il en donne.

Le Père Gaschon était demeuré près de trente ans attaché aux missions du diocèse, travaillant comme nous avons vu avec le plus grand zèle et le plus grand succès à la gloire de Dieu et au salut du prochain, lorsque arrivèrent pour l'Eglise de France des jours de deuil et de désolation, tels que les annales d'aucun peuple n'en mentionnent de semblables. Dès 1792, la persécution avait commencé contre les prêtres qui n'avaient point voulu prêter le serment prescrit en 1791. Bientôt des décrets successifs les condamnaient à la déportation et prononçaient la séquestration de leurs biens. Sous ce dernier rapport, le Père Gaschon n'avait rien à redouter, et il n'eut rien à souffrir. Ses parents, comme nous l'apprend son neveu, lui avaient laissé, relativement à sa position, un assez bel héritage qui consistait en immeubles. Qu'en avait-il fait? Se servant du fonds comme un autre aurait usé du revenu, il l'avait vendu successivement, pièce à pièce, morceau par morceau, pour en distribuer le produit aux malheureux. Aux malheureux! Mais dans ces moments de largesse, alors surtout qu'il en fut réduit à sa dernière ressource, à sa dernière obole, il était malheureux, et très-malheureux lui-même. Evidemment, c'était le pauvre qui venait au secours du pauvre, l'indigent qui faisait l'aumône à l'indigent; et, plus d'une fois, il lui arriva de donner jusqu'à la chemise qu'il portait. Comment donc la loi qui ordonnait la vente des biens du clergé aurait-elle pu l'atteindre?

Il n'est pas besoin de le dire, durant ces longs et périlleux jours d'épreuves, de terreur et de persécution, nul ne fut plus fidèle à son Dieu, à son ministère, à sa consigne évangélique, que le Père Gaschon. Il ne crut pas devoir déserter le champ de bataille; il ne quitta pas le navire battu par un si violent orage, mais il y demeura pour s'y rendre utile. Et en effet, quoique le zèle de ce fervent serviteur de Dieu fût en quelque sorte enchaîné, il ne demeura point inactif. Comme l'un de ces ruisseaux de nos vallées, resserrés dans un lit étroit qui les empêche de fertiliser les campagnes, font naître de la verdure et des fleurs jusque sur les digues et les rochers qu'on leur oppose, le Père Gaschon, dans sa vie contrainte et incertaine, ne cessa pas de rendre d'importants services.

Que de fois, alarmé sur la persévérance de

quelques-uns de ses confrères, on le vit aller les chercher dans leurs retraites cachées, relever le courage des uns, confondre la pusillanimité des autres, appeler le sang de Jésus-Christ au secours de ses larmes, leur répéter, ce dont il était si bien pénétré lui-même, que leur titre, leur caractère étaient des engagements à la mort, et qu'ils n'étaient prêtres que pour devenir, s'il le fallait, martyrs !... Il leur communiquait les lettres de notre grand et saint évêque, Mgr de Bonal, le moderne Athanase, guide et modèle de son clergé, mourant lui-même dans l'exil (1) victime de son inébranlable fermeté.

Aussi, que de cœurs affermis par ses discours et par ses entretiens, ranimés par ses exemples, arrêtés peut-être sur le penchant de la défection et de l'apostasie, et confirmés dans un saint dévouement ! On nous l'a affirmé, tel de ses frères dans le ministère qui s'était laissé ébranler par la voix de la chair et du sang, n'écouta plus, après l'avoir entendu, que la voix de l'honneur et du devoir sacerdotal. Tel autre qui avait eu la pensée de se tirer d'embarras par une lâche dissimulation, ne voulut plus perdre son âme pour sauver son corps.

(1) Nous nous proposons de publier bientôt un travail sur ce sujet, ayant pour titre : *L'Evêque de Clermont et son Diocèse pendant la révolution.*

Sans cesse excité par l'amour du prochain, par les obstacles, par les périls même, au lieu de se ralentir, le zèle du généreux confesseur de Jésus-Christ prenait un accroissement nouveau.

Au sein de nos montagnes, où la foi se conservait vive et pure, les ministres de la religion trouvaient presque toujours des asiles assurés dans les cabanes et les chaumières du simple villageois, de l'humble *métayer*, du pauvre bûcheron.

C'était là que le Père Gaschon venait, alternativement, demander un refuge à ses ouailles les plus fidèles et les plus dévouées, heureuses de pouvoir, sous leur toit hospitalier, offrir un abri à celui qui, comme son divin maître, n'avait pas un lieu où reposer sa tête.

Laissez-moi, à ce sujet, vous rapporter quelque chose de bien touchant. Le bon Père était resté longtemps caché dans les environs d'Olliergues, tantôt à Meymont, tantôt à Vialis; or, un jour d'hiver, par un temps affreux, à dix heures du soir, il vint pour se réfugier dans cette dernière localité et retrouver l'humble étable de brebis où plus d'une fois il avait déjà passé la nuit. Il s'approcha sans bruit de la maison où il était toujours sûr de trouver un accueil empressé; mais il le fit avec tant de précautions qu'il ne réveilla pas même le chien de la ferme, car, comme on ne l'attendait pas ce soir-là, la porte était fermée et tout le monde couché. Par un excès de délicatesse, le Père Gaschon ne voulut point frapper, et il passa la nuit entière en prière, sur le seuil de cette porte par un froid glacial. Le lendemain au point du jour, on le trouva à genoux dans la neige, à demi mort de froid. A cette vue, le maître de la maison et sa famille lui adressèrent, les larmes aux yeux, d'affectueux reproches. « Eh! mes pauvres enfants, leur répondit le vénérable prêtre, ne travaillez-vous pas assez pendant le jour, n'avez-vous pas besoin de tout votre repos pendant la nuit? C'est bien assez que le Père Gaschon vous occasionne tant d'autres dérangements sans venir encore troubler votre sommeil. » La personne qui nous a raconté ce fait, en a été témoin; elle appartient à la famille Goutebelle, chez laquelle s'est passée cette scène touchante, et en nous la rappelant cette pauvre femme, après plus de soixante ans, en était encore profondément émue.

Le Père Gaschon faisait de la nuit le jour. Il allait à pied au milieu des neiges pour visiter les hautes habitations de l'Auvergne et du Forez et y apporter le don de la sainte parole, les consolations et les grâces de son saint ministère. Là ou là, son apparition était presque toujours certaine. Les jours de dimanche et de fête, tout se trouvait apprêté pour le service divin. Une confidence faite en termes mystérieux, qui circulait de bouche en bouche, remplaçait le signal de la cloche, *cette voix d'allégresse et de concorde* qui ne se faisait plus alors entendre. Une grange, un hangar tenait lieu de chapelle, et dans le recueillement le plus religieux, le plus profond, au milieu d'une réunion édifiante et attendrie, l'auguste mystère était célébré.

Nous conservons un monument précieux de ces temps de persécution : c'est une pierre sacrée portative dont se servait le plus habituellement le prêtre saintement réfractaire, et qui nous a été donnée par l'un de ses servants de messe ; elle est renfermée dans l'épaisseur d'une planche informe qui la dérobait aux yeux d'une inquisition soupçonneuse et presque toujours aux aguets. Cependant, après l'avoir longtemps menacé, poursuivi, traqué en quelque sorte, une bande d'*enragés*, comme les appelait alors le peuple dans son langage énergique, s'abattit tout-à-coup sur la retraite où s'était caché le proscrit vraiment évangélique ; mais tel était l'ascendant qu'exerçait sa vertu et la vénération irrésistible qu'elle inspirait, que les forcenés venus pour se saisir de lui baissèrent la tête devant la majesté désarmée du saint prêtre :

ils tombèrent à ses pieds et lui demandèrent sa bénédiction.

Moins effrayé des périls personnels qu'il pouvait courir que de ceux auxquels d'impitoyables lois (1) exposaient les hôtes qui auraient été animés d'une charité assez héroïque pour le recevoir, le ministre de Dieu, pendant plusieurs semaines, n'eut d'autre refuge que l'épaisseur des bois, d'autre nourriture qu'un peu de pain grossier que partagèrent furtivement avec lui quelques pâtres de la montagne. Sa foi vive le mettait au-dessus de toutes les préoccupations et de toutes les inquiétudes terrestres. La Providence! la Providence! ce mot, pour lui, répondait à tout, le consolait de tout, le préparait à tout.

Dans cette position critique, au milieu de tous les genres de privations, il éprouvait des consolations et des douceurs intérieures qu'il n'avait jamais goûtées, comme il le disait lui-même plus tard.

Persuadé qu'il y a un ordre caché, même dans les désordres apparents du monde, le prêtre résigné et fidèle possédait son âme

(1) Loi du 21 avril 1793. Les prêtres non assermentés étaient hors la loi. Il suffisait, comme on le disait alors, de constater l'identité, et, dès qu'ils étaient reconnus, on les conduisait au supplice avec ceux qui leur avaient donné asile. Ce ne fut pas une loi comminatoire seulement, mais elle fut souvent mise à exécution.

dans la patience, en attendant qu'il plût à Dieu de dire à la tempête : *Calme-toi.* Aucune rancune amère n'était dans son cœur, aucune récrimination contre qui que ce fût ne sortait de sa bouche. Il priait pour les persécuteurs comme pour les persécutés, et c'est ici que doit trouver place une anecdote d'un touchant intérêt, que j'ai entendu raconter par M. l'abbé Coiffier, ancien curé de la Chapelle.

A l'époque où le Père Gaschon était, comme nous venons de le voir, sans feu ni lieu, fugitif et exilé au milieu de son propre pays, forcé de quitter l'habit ecclésiastique et ses insignes, après une de ses longues excursions habituelles à travers la montagne, il était un jour parvenu au sommet de Pierre-sur-Haute ; assis sur le rocher, ses yeux baignés de larmes se portaient tour à tour sur le diocèse de Clermont et sur celui de Lyon, en proie comme la France entière aux ravages de l'impiété en délire, lorsqu'il aperçut à peu de distance du lieu où il se trouvait un mendiant qui, un bâton à la main, une besace sur l'épaule, s'acheminait vers lui. Mon ami, lui dit le Père Gaschon, vous paraissez bien fatigué, venez vous asseoir près de moi. — En effet je n'en puis plus, je viens de très-loin et les chemins sont mauvais ; je suis un pauvre soldat, qui, comme vous le voyez, a perdu son bras droit. Avant de partir pour l'armée, j'étais forgeron, maintenant je ne puis travailler et je suis obligé de demander l'aumône. Je vais de jasserie en jasserie ; les gens sont bons pour moi, ils me donnent les uns un peu de beurre, les autres du lait et du fromage, et je suis bien content de pouvoir en porter une partie à ma vieille mère qui habite là-bas, dans ce petit village du Forez que nous apercevons à travers les arbres. — Voilà tout ce que je puis faire pour vous, lui dit le père Gaschon, en lui mettant dans la main la dernière petite pièce de monnaie qui lui restait... *Mais priez-vous quelquefois le bon Dieu?* Et comme il portait toujours avec lui une provision de chapelets indulgenciés, il en offre un au pauvre. Celui-ci tire le sien de sa poche et le montrant au Père Gaschon : Voilà, lui dit-il, ce qui me console, ce qui me donne des forces. Je serais bien malheureux, si je ne pouvais pas prier ainsi le bon Dieu, qui ouvre toujours sa main pour moi ; car je ne sais pas lire. — Mais votre chapelet n'est peut-être pas indulgencié; donnez-le-moi, j'ai le pouvoir d'y appliquer les indulgences. — Ah ! mon cher monsieur, vous êtes donc prêtre?... Que le bon Dieu soit loué... les malheureux ne les ont donc pas tous tués! Oh ! les scélérats, que de mal ils m'ont fait!... Ils ont condamné à mort et fait exécuter à Feurs mon pauvre père parce qu'il était suspect. Oh ! les scélérats !... Le Père Gaschon, sans vouloir en entendre davantage, prit le chapelet du mendiant, le bénit et l'indulgencia ; puis il se mit à genoux sur Pierre-sur-Haute et engagea son interlocuteur à l'imiter. *Maintenant disons un* Pater *et un* Ave *pour nos persécuteurs ;* et aussitôt il récita à haute voix l'Oraison Dominicale et la Salutation Angélique, et après un moment de recueillement ils se relevèrent l'un et l'autre et se disposèrent à se quitter. Que le bon Dieu nous fasse la grâce, dit le pauvre, de nous recevoir dans son saint paradis ! Le bon Père était attendri. Ah ! mon cher ami, lui répondit-il, c'est là en effet la plus grande grâce que le Seigneur puisse nous faire ; que pouvons-nous souhaiter de mieux ? Adieu, adieu donc, que le bon Dieu nous réunisse dans son saint paradis : vous y retrouverez votre père, vous y retrouverez votre bras, la récompense de votre patience, de votre résignation et du pardon que vous venez d'accorder.

Quelle simplicité sublime dans ce dialogue !.. quelle scène attendrissante dans la rencontre de ce prêtre dont la vie est à chaque instant menacée, et de ce soldat mutilé dont on a assassiné le père, et qui tous les deux, un genou dans chaque diocèse (1), font mon-

(1) On sait, en effet, que Pierre-sur-Haute est le point d'intersection des deux diocèses.

ter au ciel une prière ardente en faveur de leurs ennemis ! et puis encore quelle formule admirable d'adieu ! Quel est le livre des philosophes qui en contient de semblables ? Oh ! il n'y a que la religion qui puisse inspirer de pareils sentiments, il n'y a qu'elle qui puisse offrir un pareil spectacle.

CHAPITRE VI.

Rétablissement de l'ordre. — Impressions du Père Gaschon. — Rétablissement du culte. — Concordat.— Le Père Gaschon ne veut accepter aucun emploi ; il désire rester soldat volontaire de Jésus-Christ, à la disposition de tous. — Pourquoi le séjour d'un l'hôpital lui plaisait. — Pourquoi et comment il vint à l'hôpital d'Ambert. — Conduite du saint aumônier.

Lorsque l'ordre commença à renaître sous la main puissante et ferme du génie qui effaça les derniers vestiges que l'esprit d'impiété et de destruction avait laissés sur son terrible passage, le père Gaschon fit taire ses regrets et ses affections ; à la vue de la prospérité publique. Voyant le doigt de Dieu dans les nouvelles destinées qui s'accomplissaient, il n'eut que des sentiments de reconnaissance pour les miséricordes du Seigneur en faveur de l'Église de France, qui, comme une autre Jérusalem, put quitter enfin ses vêtements de deuil pour se montrer parée comme aux temps de sa gloire.

Peu après le concordat, lorsque le culte fut rétabli, les titres assurément ne lui manquaient pas pour se voir investi, s'il l'eût désiré, de celles des fonctions qui pouvaient lui convenir. En même temps qu'elles lui auraient procuré des moyens d'existence, elles seraient devenues pour lui une sorte de repos bien mérité après les plus longs et les plus pénibles travaux. A ce sujet, j'éprouve un grand plaisir à transcrire ici les notes que m'a fournies le neveu du Père Gaschon. Je le laisse donc parler.

« Etant à un âge où l'on ne se pique pas toujours d'une extrême réserve, je me permis d'exprimer à mon oncle mon étonnement de ce qu'il avait refusé une fort belle cure. Je commençais une autre phrase, lorsque, levant les yeux et me regardant fixement, il me répondit : Oui, mon neveu, cela est vrai, il n'aurait dépendu que de moi d'avoir une très-belle cure, mais il n'entrait pas dans mes intentions de l'accepter. Je n'ai jamais voulu d'emploi, je n'en voudrai jamais; j'ai été et je serai toujours soldat volontaire de Jésus-Christ, *non pour faire ma volonté, mais pour me mettre à la disposition de tous* (1).

(1) Voilà pourquoi il refusa une cure *et non pas parce que l'horizon d'une paroisse était trop borné et trop circonscrit pour son zèle.*

» Ces paroles, prononcées avec une certaine énergie, firent sur moi une vive impression. Homme vertueux, me dis-je, le sentiment qui vous fait agir vous rend supérieur à tous et à tout. Vous ne voulez être soldat volontaire de Jésus-Christ que pour entrer au service de toutes les volontés, que pour mieux pratiquer l'obéissance, que pour vous présenter partout où une sollicitude évangélique et fraternelle appelle votre présence, partout où vous entendez l'accent de la douleur et le cri du besoin. »

Le Père Gaschon était pauvre, et il aimait les pauvres; il était humble, et il aimait les humbles; il était simple, modeste, charitable, et il aimait, il aimait par-dessus tout ce qui annonce au plus haut point la simplicité, la modestie et la charité. Un hôpital seul pouvait lui convenir, et nous devons bénir Dieu d'avoir conduit son serviteur dans le pauvre hospice de notre humble cité. C'était bien celui en effet de tout le diocèse qui devait avoir le plus d'attrait pour cet homme de si parfaite abnégation, car alors l'hôpital d'Ambert, gisant dans *sa crèche*, était enveloppé dans toute la pauvreté de *ses langes*. Voilà ce qui se passa. M. Molin, mort évêque de Viviers, l'une des gloires de l'Auvergne et de l'épiscopat français, avait pour le Père Gaschon une affection mêlée de respect:

c'était à lui qu'il avait confié la direction de sa conscience. Comprenant en outre combien la présence et le concours d'un prêtre comme le Père Gaschon seraient avantageux à notre pays, il souhaitait vivement pouvoir l'y attirer et l'y fixer définitivement. Il fit part de son désir à Monsieur de Rostaing, récemment nommé curé d'Ambert, qui entra dans ce projet avec un empressement *plein d'ardeur* et de spontanéité. Il écrivit aussitôt au Père Gaschon une lettre pressante où respiraient les sentiments les plus expansifs et les plus affectueux. Il lui disait entre autres choses: « Venez, mon père, vous demeurerez chez « moi, vous serez ici curé, vicaire, aumô- « nier de l'hôpital; car votre zèle peut suf- « fire à tout cela. Je m'acquitterai ainsi envers « ma paroisse; ce qui me manque, on le « trouvera en vous, venez. » — « Je me « rendrai à vos désirs, M. le curé, lui répon- « dit le père Gaschon, mais n'attendez de « moi rien de semblable à ce que vous me « proposez. Je travaillerai sous vos ordres, et « sous les ordres de MM. vos vicaires, et « demeurerai à l'hôpital. C'est là où je désire « mourir; car, voyez-vous, l'autorité me fait « peur, l'obéissance me charme, elle fait « ma sûreté. Il n'y a que les petits services « et les petits emplois qui me plaisent, par- « ce que je ne suis capable que de ceux-

» là... » Ainsi s'exprimait dans la sincérité de son âme celui qui, comme le dit le prophète, avait toujours craint *la hauteur du jour*, et qui, fidèle à ses antécédents, voulait à la fin de sa longue carrière s'ensevelir dans les fonctions les plus humbles de son ministère et dans l'exercice le moins remarqué de la charité : *In nidulo meo moriar!...* (1).

A quelques jours de là, le Père Gaschon prenait congé de son vénérable hôte et ami, le curé d'Olliergues, M. Lastic, chez lequel il était resté quelque temps. Celui-ci ne put jamais se consoler de cette séparation, et il répétait souvent à ses paroissiens, qui pensaient comme lui : *On nous a enlevé notre trésor.*

Ce trésor ne pouvait pas être non plus inapprécié à Ambert; aussi, le Père Gaschon y fut accueilli comme un ange envoyé du Ciel par M. le curé, par toute la population et par les bonnes et simples religieuses, servantes dévouées des malades et des pauvres.

En entrant à l'hôpital, le nouvel aumônier mit pour condition expresse qu'il paierait sa pension et le loyer de sa chambre (2), voulant, disait-il, *ne rien s'approprier du bien des pauvres*, dont il devint dès lors l'ami, le pasteur, le père.

(1) Job, 29, 18.
(2) Depuis cette époque, M. le curé d'Ambert se chargea constamment de ce soin.

En effet, chaque jour il leur faisait des instructions élémentaires sur la religion : les jeunes apprenaient, les vieux se ressouvenaient; il assistait à la prière du soir et du matin, présidait à des lectures pieuses en commun et à haute voix. Chaque jour, il visitait les salles des malades, leur distribuait des consolations ; souvent il se promenait avec les convalescents, s'entretenait familièrement et pieusement avec eux dans les corridors et dans le jardin. Aussi, beaucoup de ceux qui avaient été admis à l'hôpital pour y recouvrer la santé du corps, en sortaient après avoir recouvré de plus celle de l'âme. Mais comme sa sollicitude redoublait pour ceux qui étaient menacés d'un danger de mort ! Quel zèle, quelles douces insistances, quelles fréquentes visites pour les préparer à ce dernier moment d'où dépendait leur sort éternel !

La manière de vivre du Père Gaschon était pour tous les habitants de l'hôpital une prédication continuelle : elle leur enseignait par l'exemple les vertus les plus convenables et les plus nécessaires à leur état. Afin d'être plus à même de leur porter toute espèce de secours à chaque instant du jour et de la nuit, il avait pris pour lui une chambre toute voisine de ses chers malades. Et quelle chambre ! quel ameublement ! quelle absence de toute décoration ! Je me trompe, il en était une devant laquelle devaient disparaître toutes les autres : c'était un Christ en bois sur une croix de bois fixée en face de son lit à une muraille de l'appartement.

Et on a cru pouvoir restaurer, que dis-je? pouvoir embellir cette chambre, comme si elle n'avait pas plus à souffrir de toute décoration profane que *des ravages du temps!* (1) Quoi qu'il en soit, c'était là que l'aumônier des anciens jours prenait le simple et grossier repas de midi ; jamais plus de deux plats ne paraissaient sur sa table, et le soir et le matin, surtout en hiver, assis près de la cheminée de cette grande et fumeuse cuisine, dont il doit nous souvenir, il mangeait une soupe prise la plupart du temps dans la marmite commune.

Sa garde-robe, non plus, n'avait pas de quoi exciter la convoitise. Trois chemises, trois paires de bas, trois mouchoirs de poche, trois bonnets de nuit, voilà l'inventaire à peu près complet de ses hardes (2). Il ne voulait jamais en avoir davantage. Il ne possédait qu'une soutane; et quand une religieuse, s'apercevant qu'elle avait besoin de réparation

(1) *Dirutis sacris ædibus, area remanet sacra* (Lois romaines). Nous respectons les intentions qui, nous le savons, ont été excellentes.

(2) C'est tout ce qu'on trouva après sa mort... et trois sols dans sa bourse.

urgente, lui disait : Père Gaschon, confiez-nous votre soutane, voyez comme elle est déchirée, il y manque un bouton, l'exellent aumônier répondait : Oh! c'est bon comme cela; d'ailleurs, ajoutait-il en souriant, je serais assez embarassé, je n'en ai pas d'autre. Que de fois la Supérieure de cette époque, la bonne sœur Lacroix, qui, si elle aussi avait eu moins d'humilité, aurait pu se citer pour exemple, que de fois la sainte femme, pour apaiser les murmures de quelques pauvres trop exigeants : *Mes chers amis*, leur disait-elle, *le Père Gaschon n'est pas aussi bien couché ni aussi bien nourri que vous.* Et ceux qui murmuraient, forcés d'en convenir, se taisaient. Achevons ce tableau.

Un jour, et au moment où il était dans une salle des malades, occupé à les visiter et à leur prodiguer ses consolations habituelles, le digne aumônier reçut la visite d'un honorable habitant de notre ville. Le nouvel arrivant ne put s'empêcher de manifester, par un mouvement involontaire, en portant son mouchoir vers l'organe de la respiration, combien l'odeur qui s'exhalait de ce lieu le frappait désagréablement. *Est-ce que vous n'êtes pas incommodé*, dit-il au père Gaschon, quand ils furent sortis de la salle, *du mauvais air qu'on respire là-dedans? Vous devriez au moins prendre du tabac. — Mon cher Mon-*

sieur, lui répondit le ministre de la charité, *passons cette délicattesse d'odorat chez vous; mais si vous étiez à ma place, revêtu du caractère dont je suis, il est vrai, bien indigne, vous comprendriez mieux que moi qu'un prêtre dans une salle d'hôpital ne saurait être incommodé : il y respire la bonne odeur de Jésus-Christ, puisqu'il est au milieu de ses membres souffrants.* Ici on n'admire plus, on aime! Inspiration chrétienne, que vous êtes supérieure, par vos motifs, par votre conduite, par votre objet, à cette charité *de contrefaçon et au rabais* qui se cherche elle-même, et que des sympathies philanthropiques ou intéressées couronnent et récompensent pompeusement *par un prix de vertu!*

CHAPITRE VII.

Portrait physique du Père Gaschon. — Le Père Gaschon prédicateur. — Manière dont il prêchait. — Ses fruits de conversion. — Quelques exemples.

Le Père Gaschon était d'une taille moyenne, d'un tempérament sec; sa figure était longue et amaigrie, son front élevé, son nez aquilin ; ses yeux étaient doux et expressifs, mais par une sorte de pudeur il les tenait ordinairement baissés. Son attitude était simple et modeste, ses manières franches, affectueuses et attirantes.

Quand il vint à Ambert, il était âgé de plus de soixante-douze ans, sa tête était entièrement chauve à l'exception de la partie postérieure, sur laquelle descendaient quelques mèches de cheveux blancs. Il portait un large chapeau à bords rabattus.

Infirmier de l'âme, et quelquefois du corps, de ses bons amis les pauvres, le Père Gaschon n'était point absorbé par les soins qu'il leur donnait. Il se multipliait, en quelque sorte, par son admirable activité, et il trouvait du temps non-seulement pour la prière et la méditation, mais encore pour ses prédications si fréquentes à Ambert et dans les lieux du voisinage, pour les catéchismes de première communion et de persévérance, dont seul il était chargé, et qu'il faisait soit à la chapelle de l'hôpital soit à l'église Saint-Jean. Il en trouvait pour ses nombreuses confessions *ordinaires*, *extraordinaires*, *générales*, car de bien loin et de tous côtés on affluait à son confessionnal. Souvent même il se rendait à de grandes distances auprès de ceux qui ne pouvaient venir à lui pour recevoir l'aveu de leurs fautes, et leur apporter les secours de son ministère. Entrons dans quelques détails sur cette partie de la vie du Père Gaschon, si saintement et si utilement employée.

Parlons d'abord de ses prédications.

Le père Gaschon avait le geste très-animé. Son organe, qu'on ne pouvait point appeler sonore, mais clair et perçant, arrivait à de grandes distances aux oreilles de ses nombreux auditeurs.

Voici l'impression que j'ai conservée, aussi bien que plusieurs de ceux qui l'ont entendu, de la manière de prêcher du missionnaire et de l'apôtre du Livradois. Etant en chaire, presque toujours il improvisait; il ne s'attachait ni à la recherche de l'expression, ni à l'ornement du discours. Quoique méthodique et nuancée, sa manière, mise à la portée du plus grand nombre, était simple et familière. Ce qu'une exposition nue ou une pure déduction logique n'aurait pas suffisamment démontré, était rendu palpable par des paraboles, des comparaisons, des similitudes. Fort de sa conviction profonde, entraîné lui-même par le besoin d'entraîner, il trouvait sans efforts ce pathétique de mouvement, ces accents souverains qui sont la voix de l'âme, les élans irrésistibles du cœur. C'était surtout quand il s'adressait au peuple, aux ouvriers, aux gens de la campagne, qu'il fallait l'entendre. Il parlait leur patois avec un bonheur d'expression inimitable, avec un naturel et une onction qui gagnaient les esprits en subjuguant les cœurs. Dans son langage simple, sans être trivial, la foi devenait un sentiment; il faisait croire en faisant aimer; son zèle tout amour entraînait la foule après lui. Toutes les fois qu'il prêchait à Ambert et dans les autres paroisses de l'arrondissement, les églises étaient remplies d'auditeurs attentifs, recueillis et émus à sa parole. Ses prédications étaient suivies de fruits abondants de pénitence et de conversion.

Aussi courageux dans son zèle que pur dans ses intentions, il prèchait les grandes vérités de la religion, attaquait toutes les erreurs, tous les vices du siècle, faisait trembler l'impiété audacieuse; et alors ses sermons étaient pleins de traits hardis, de tournures originales et frappantes (1).

Se trouvant, à une certaine époque, dans une paroisse où, pour beaucoup de personnes, l'usage immodéré du vin était la passion dominante, le curé, voulant remédier à ce désordre, le pria de prêcher contre l'ivrognerie. Le Père Gaschon savait par expérience combien ce vice était difficile à détruire. Il prêcha avec véhémence, employa tous les moyens que sa foi ardente et sa vive charité pour ses frères purent lui suggérer. Il fut pressant, il supplia, conjura, les lar-

(1) Voir les notes trouvées dans les papiers du père Gaschon.

mes aux yeux, son auditoire. Puis s'interrompant, il s'adresse la parole à lui-même et s'écrie : Que fais-tu, père Gaschon? Tu perds ton temps. Mais au moment où il avouait ingénuement son impuissance, n'ayant en sa vie, disait-il, converti qu'un seul ivrogne, une voix, partie du milieu de son auditoire, vint l'interrompre, s'écriant : Mon Père, comptez-en deux.

Une contagion sévissait dans une autre localité de nos montagnes, où prêchait le Père Gaschon. Témoin du deuil général, le bon Père en avait le cœur navré. A la fin d'un de ses sermons, il ne put résister à son émotion. Nouveau Charles Borromée, il tombe à genoux et s'écrie d'une voix entrecoupée de sanglots : Frappez-moi, Seigneur, moi seul! Je suis un serviteur inutile, un vase brisé dont nul ne se soucie, mais épargnez tant de pères, tant de mères, tant d'enfants si chers ou si nécessaires à leurs familles.

Sa passion, imitée du père Molinier, mais qu'il s'était appropriée avec beaucoup de bonheur, produisait aussi le plus grand effet. Je l'entends encore s'écrier : C'était une coutume chez les Hébreux, quand on avait trouvé un homme mort sur le territoire de la contrée, de faire rassembler tous les principaux de la nation, tous les chefs des tribus et des familles, et de les sommer de venir jurer sur le cadavre, que ni eux, ni leurs enfants, ni leurs serviteurs n'étaient pour rien dans la mort de celui qui était là gisant et étendu... On a trouvé un homme mort, ajoutait-il, dans cette paroisse, dans cette ville.... Et découvrant le crucifix, il le montrait à son auditoire, et s'écriait : Le voilà, cet homme : *Ecce homo*. Parlez, le reconnaissez-vous? Vous le voyez ; ce n'est point seulement un homme : c'est le fils de Dieu, Dieu lui-même, qu'on a cloué sur la croix. Vous tous, tant que vous êtes ici, venez jurer que vous n'avez point contribué à cet horrible déicide... Puis venaient des interrogations accusatrices adressées à toutes les classes de la société, aux hommes de tout âge, de toute condition ; et la conclusion était accablante pour tous.

Je voudrais bien encore présenter ici, comme un échantillon du genre adopté par notre inimitable missionnaire, et qui lui réussissait si admirablement lorsqu'il voulait faire pénétrer dans l'esprit des habitants de la campagne une vérité de dogme ou de morale ; mais mes paroles décolorées pourront-elles donner une idée de ces images parlantes, de ce langage expressif, dont lui seul avait le secret, et qui faisait toujours une si vive impression sur ses auditeurs? Il prêchait à Meymont, près Olliergues, sur le mal qu'il y a dans les médisances et les paroles irréfléchies qui vont contre la charité, et la difficulté qu'il y a de les réparer ; et, sur ce dernier point, il leur disait en patois du pays : « Mes pauvres enfants, vous ne croyez pas faire beaucoup de mal en médisant de l'un et de l'autre, et en ne retenant pas votre langue ; vous croyez qu'en venant vous confesser Dieu vous pardonnera, et qu'en disant à votre confesseur : J'ai parlé d'un tel, j'ai parlé d'une telle, il vous donnera l'absolution. Mais pour que Dieu vous pardonne, pour que votre confesseur vous donne l'absolution, il faut absolument réparer le mal que vous avez fait, le mal qu'ont produit vos méchantes paroles, entendez-vous bien? et c'est là qu'est le difficile. Tenez, voulez-vous que je vous le fasse comprendre?

» Prenez un sac plein de plumes, portez-le à la cime de Pierre-sur-Haute, et jetez-les au vent, il en fait toujours beaucoup là-haut ; et puis essayez de les rattraper, ces plumes, quand les unes sont ici, les autres là, les unes en Auvergne, les autres en Forez, et les autres voyageant toujours. Il en est de même de vos paroles médisantes. Comment les réparer ? »

CHAPITRE VIII.

Le Père Gaschon catéchiste. — Catéchisme de persévérance. — Catéchisme pour les enfants. — Une cérémonie de première communion. — Le père Gaschon directeur des âmes.

Le Père Gaschon faisait le catéchisme de persévérance, pour les grandes personnes, tous les dimanches avant vêpres, comme il a encore lieu aujourd'hui, dans la grande nef de l'église paroissiale. C'était une instruction destinée surtout aux gens de la campagne, sur les vérités fondamentales de la religion, sur les éléments du salut, traitée d'une manière simple, claire, et familière. Pour intéresser et captiver l'attention de son nombreux auditoire, il multipliait, selon sa coutume, les comparaisons, les images sensibles. Il mêlait à ses explications des faits, des épisodes tirés de l'Ecriture sainte ou des auteurs approuvés. Il interrogeait avec autorité et indistinctement quelques-uns de ses auditeurs, faisait à plusieurs la même question, aidant à la réponse et ne quittant jamais une matière qu'il n'eût acquis la certitude d'avoir été compris par le grand nombre.

Mais j'ai hâte de faire paraître le Père Gaschon dans toute sa modeste supériorité, c'est-à-dire de vous le montrer comme le digne ministre de celui qui avait dit : *Laissez venir à moi les petits enfants* (1), de celui qui avait recommandé à saint Pierre de paître ses agneaux (2).

J'ai eu le bonheur de recevoir ses enseignements religieux dans mon enfance, et d'être préparé par lui à la première communion. C'était dans les humbles fonctions de catéchiste qu'éclatait sa merveilleuse aptitude, et, si je puis le dire, son habileté. Comme sa manière était expansive et affectueuse! Comme elle faisait chérir l'obéissance et confondait dans un sentiment unique le respect et l'affection ! Il cherchait à infiltrer dans nos âmes goutte à goutte l'amour de Dieu. Il se faisait petit avec nous pour que nous pussions l'entendre mieux, et employait des comparaisons tirées de nos habitudes et de nos idées. Jamais il ne surchargeait notre mémoire, jamais il ne fatiguait notre attention, jamais il ne nous donnait le pain tout entier de la sainte parole : il le rompait, le coupait, l'émiettait, si je puis parler ainsi. Qui de nous n'a pas encore présentes et gravées en caractères ineffaçables dans les souvenirs du cœur, les allocutions tour à tour touchantes et pathétiques qu'il nous adres-

(1) Matth., 11, 14.
(2) Jean, 21, 15.

sait sur le bonheur d'une première communion bien faite, et sur les malheurs d'une communion indigne? Nous entendons encore cette interrogation qui nous glaçait d'effroi, parce qu'elle sortait du fond de ses entrailles : *Y aurait-il parmi vous un Judas?* Oh! comme nos larmes coulaient quand arrivait le matin *du pardon*, lorsque, se rendant notre interprète, notre avocat, notre répondant, le Père Gaschon, en face des saints autels, s'adressait de notre part à nos parents, tous convoqués, tous réunis, et qu'il les suppliait de nous pardonner, de nous accorder la bénédiction paternelle, pour qu'avec plus de confiance nous pussions aller recevoir aux pieds du prêtre l'absolution sacramentelle! Et le lendemain, lorsque l'acte le plus important de notre existence allait s'accomplir, quel moment! O jour de doux bonheur et d'ineffable allégresse, première halte dans la vie sous la tente du Seigneur, où il nous a nourris de son corps, de son sang, de son âme, de sa divinité, vous nous rappelez aussi toutes les joies de la famille, la joie de notre père, de notre mère, de nos frères, de nos sœurs, de tous ceux en un mot dont l'existence semblait tenir à la même tige : vous nous rappelez cette fraternité du cœur et de l'âme qui existait entre nous tous, nouveaux et heureux convives, admis sans distinction à la table du Dieu de notre enfance, et qui se reproduisait encore dans un festin de famille, où l'enfant du pauvre, de l'ouvrier, était assis à côté de l'enfant du riche, que tout cela était beau! que tout cela était touchant, lorsque le père Gaschon nous l'exprimait et nous en faisait sentir tous les charmes! Il y a longtemps que cette voix s'est tue, et il me semble l'entendre encore : *adhuc defunctus loquitur;* et je me surprends, non sans émotion, répétant tout bas *un nom béni*. Et cette scène attendrissante, qui de nous aurait pu l'oublier, lorsqu'il nous plaçait sous la protection de la mère de Dieu, cette divine patronne des enfants et des mères, pour laquelle il avait une si tendre dévotion? Et quand enfin, au moment de nous quitter, il s'écriait, en s'adressant à Dieu, avec l'accent de l'âme et de la piété : « Seigneur, je remets aujourd'hui entre vos mains ces enfants à qui je me suis efforcé de faire connaître et de faire aimer leur Père céleste. J'ai achevé, s'il est permis à moi pécheur de me servir de vos paroles, j'ai achevé l'ouvrage que vous m'avez confié. Je les aime de tout mon cœur, ces chers enfants, et voudrais en être aimé; mais qu'ils m'oublient, pourvu qu'ils se souviennent des instructions qu'ils ont reçues. Oh! qu'ils manquent de reconnaissance envers moi, pourvu qu'ils n'en manquent jamais envers vous! Préservez-les du péché... Plutôt qu'ils perdent leur innocence, prenez ma vie, je la donnerai volontiers pour le bonheur et le salut de chacun d'eux... » Et le front apostolique du saint vieillard semblait briller d'une double auréole, celle du martyre de la charité et de la tendresse, au devant duquel allaient si ardents et si sincères tous les vœux de son cœur.

Nous l'avons dit, le vénérable desservant de l'hospice, que nous nommons ainsi à dessein parce qu'il s'était asservi à tous les genres de besoins, se livrait activement, et avec un grand succès, à la direction des consciences et à la conduite des âmes. Fidèle observateur de la loi divine, il en était un excellent interprète, car c'est surtout la pratique de cette loi sainte qui en donne l'intelligence (1).

Aussi les nombreuses personnes qui s'adressaient au Père Gaschon étaient pleines de confiance dans la sagesse de ses décisions, elles se soumettaient sans réserve à ses lumières et à son expérience; mais ce qui achevait de les gagner, c'est qu'elles trouvaient dans ce saint homme, exempt de faiblesses, un cœur tendre et compatissant pour leurs propres faiblesses. C'est qu'elles étaient per-

(1) Ps. 118, 10[illegible].

suadées que leur guide spirituel avait pour elles une affection vraiment paternelle.

Tout homme qui n'aime pas, disait saint Augustin, n'est jamais en droit d'en corriger un autre. Quand on aime au contraire, on a le droit de tout dire, et comme ce qui se fait par le motif de la charité ne peut déplaire à Dieu, ce qui se fait par le même motif ne peut déplaire aux hommes. Admirable doctrine, que le Père Gaschon réalisa dans sa conduite sous la double inspiration et de sa piété et de son cœur.

Nous nous estimons heureux de pouvoir associer nos lecteurs au plaisir que nous avons éprouvé nous-mêmes en découvrant quelques fragments épars (1) de cette direction parlée ou écrite sans recherche, sans affectation, avec une vraie simplicité de cœur, et que l'expression ne démentait jamais, car c'était presque toujours celle des saints livres.

Le père Gaschon disait à la sœur C.... qui était habituellement tourmentée par des scrupules : Ma sœur, il ne faut pas agir avec le bon Dieu comme avec les hommes de chicane, qui trouvent partout matière à discussion : *si vous agissez simplement, vous marcherez avec confiance.*

Sœur H.... lui disait : Mon père, j'ai tant

(1) Papiers de M. Jean.

à faire dans la maison que je n'ai pas le temps de penser à moi-même. — Soyez tranquille ; en vous occupant des pauvres, c'est de vous que vous vous occupez ; et quand vous paraîtrez devant le bon Dieu, vous verrez qu'il aura multiplié votre temps comme il multiplia les pains dans le désert.

Il disait à quelqu'un qu'il avait ramené à la pratique des devoirs de la religion, et qui venait souvent pour le remercier, ne cessant jamais de lui répéter : Mon père, quelle obligation je vous ai !... — « Je suis tout au plus pour vous comme l'étoile qui conduisit les mages à la crèche et qui devint inutile pour eux, lorsqu'ils eurent trouvé Jésus-Christ. Les mages ne s'amusèrent pas à admirer l'étoile ; ils la suivirent jusqu'à l'étable, et là ils ne s'occupèrent que d'adorer le Sauveur. »

Il écrivait à une personne : « Pour vouloir trop bien faire, quelquefois on fait mal. On fait comme un cultivateur qui repasserait la charrue sur une terre déjà ensemencée, et qui par ce travail hors de saison empêcherait le grain de germer. »

Il écrivait à un de ses confrères pour l'engager à user d'indulgence et de ménagements envers une âme encore faible et infirme :

« Si le bon pasteur avait frappé la brebis égarée, elle se serait éloignée de lui ; mais il la porte sur ses épaules ; une mère voudrait bien que son enfant marchât seul, mais jusqu'à ce qu'il puisse le faire, elle lui donne la main. »

CHAPITRE IX.

Le Père Gaschon dans l'exercice des autres fonctions du ministère. — Son zèle, son humilité. — Un mot sur sa vie intérieure et cachée. — Le Père Gaschon dans ses rapports avec le monde. — Esprit du Père Gaschon. — Privilége du Père Gaschon.

Quoique bien vieux, le père Gaschon ne reculait jamais devant l'accomplissement d'aucun devoir de son ministère : la puissance de ses forces morales suppléait à l'affaiblissement de ses forces physiques. Dès qu'il s'agissait d'aller offrir ou de porter les consolations de la religion, il retrouvait toute la vigueur de la jeunesse. Que de fois, lorsqu'enfant j'agitais devant lui la sonnette qui annonçait l'approche du saint Viatique, il me faisait arrêter par compassion pour la faiblesse de mon âge ! Je le voyais alors, guidé par un robuste paysan, le suivre sans hésiter, quoique aveuglé par la neige qui le fouettait au visage, et gravir courageusement nos montagnes abruptes, bien qu'il eût les pieds gonflés par la fatigue et blessés par les glaces.

Quand il avait achevé de remplir son ministère de miséricorde et de réconciliation, il ne quittait jamais le village sans adresser à la foule qui l'entourait quelques paroles d'édification, quelques sérieuses réflexions sur le bon emploi de la vie, si courte, si fugitive, et sur la nécessité d'avoir toujours la pensée de la mort imminente présente à l'esprit. Les assistants emportaient avec eux des pensées religieuses et graves ; ils se séparaient en silence, ou bien répétaient entre eux : *Ce que dit le saint homme est bien vrai !*

En revenant *de paroisse*, lorsqu'il en rencontrait sur son chemin, le Père Gaschon avait toujours quelques bonnes paroles pour l'ouvrier occupé à son travail, pour le laboureur qui cultivait son champ. Souvent il entrait dans les maisons les plus humbles, s'asseyait sur le siége du pauvre, l'entretenait de sa famille, de ses travaux, de son âme. Aussi on se ferait difficilement une idée de la popularité dont jouissait le saint prêtre. Objet de la vénération publique, partout où il allait il en recevait les témoignages les plus touchants.

Après les fêtes de Pâques, toujours *en vertu de l'autorisation qu'il avait reçue de Monsieur le curé*, il faisait une tournée générale dans la paroisse. Il savait déjà qui avait rempli son devoir et qui non ; il félicitait les plus diligents, pressait les traînards, poursuivait les fugitifs. Un coup d'œil rapide dans l'appartement lui apprenait si un crucifix était appendu à la muraille, si une image de la sainte Vierge était près du chevet, si le bénitier rempli était là avec la branche de buis du dimanche des rameaux ; il ne dédaignait pas de descendre à ces petits détails par où se manifeste et s'alimente la foi dans les familles.

Seconde Providence de notre contrée, il était le promoteur, l'âme de beaucoup de bonnes œuvres qui lui appartenaient en propre ; mais il s'effaçait et en déclinait la gloire avec autant de soins qu'un homme vulgaire en aurait peut-être recherché le mérite. Il ne demeurait étranger à aucune espèce de bien qui s'opérait dans la paroisse ; cependant, à l'entendre, il n'en était point l'auteur, mais le simple instrument ; il ne faisait et ne disait jamais rien qu'au nom et de la part du pasteur, et il poussait si loin ce que je puis bien appeler le scrupule de la délicatesse et de la déférence à cet égard que, quoique M. le curé, qui avait en lui une confiance sans bornes, lui eût conféré toute son autorité, il n'aurait pas même hasardé en chaire la plus ordinaire des observations, le plus simple avis, sans en avoir demandé l'autorisation.

L'homme privilégié et exceptionel dont j'éprouve tant de plaisir à redire l'histoire, avait toutes les vertus, celles que l'on admire et celles qui plaisent et que l'on aime. Mais c'était sous le sceau et la garde de l'humilité, sous l'œil seul de Dieu, et, autant qu'il le pouvait, dans le plus grand secret, qu'il se réservait les austérités, les jeûnes, les abstinences, en un mot, toutes les pratiques de la mortification, du détachement et de la pauvreté évangéliques, aussi bien que les exercices de la plus haute spiritualité. Voilà l'ébauche du portrait de l'homme intérieur.

Et parmi les pénitences cachées qu'il s'imposait, une personne qui à son insu en fut plus d'une fois témoin nous disait qu'elle l'avait vu souvent pendant les trois nuits des quarante heures en prières, dans la chapelle de l'hôpital, et que là, à genoux, les bras en croix, il se tournait successivement vers les quatre points cardinaux, implorant pour les pécheurs la miséricorde divine... Hommes du monde, femmes frivoles, n'accueillez point ce récit par un sourire moqueur, pardonnez du moins au père Gaschon : c'était pour demander grâce et indulgence pour vous, et pour nous tous, qu'il s'infligeait ces longues veilles et cette gênante posture.

Du reste le Père Gaschon, cet homme si mortifié, portait avec *une sainte joyeuseté* le joug du Seigneur, selon l'expression du saint évêque de Genève.

Sa conversation respirait les charmes de la piété en même temps que les agréments d'une aimable gaîté. On peut dire, à sa louange, ce qui est dit de la sagesse elle-même, que son entretien n'avait rien d'amer ni d'ennuyeux (1).

J'ajouterai qu'il n'y avait presque pas une famille dans notre ville et dans notre paroisse qui, dans quelques-unes de ces circonstances douloureuses de la vie où le cœur éprouve le besoin d'épancher les sentiments qui l'oppressent, ne vît arriver le père Gaschon comme un ami, comme un ange de consolation ou de bons conseils.

Tout le monde s'accorde à reconnaître dans notre saint compatriote une grande vertu, un grand zèle, une éminente piété; mais quelques personnes semblent vouloir ne lui attribuer qu'un esprit médiocre (2), comme si la vertu, le zèle, la piété ne pouvaient être que le partage des simples. Pour nous, nous croyons que cette question : Le père Gaschon avait il de-l'esprit? a été et sera

(1) Eccl.

(2) On sait quel sens on donne le plus ordinairement à ce mot.

surabondamment résolue dans l'intérêt de la vérité, et à l'avantage de la religion, par tout ce que nous avons dit, et par tout ce qu'il nous reste encore à dire. Nous croyons que, bien qu'il le dissimulât sous le voile d'une profonde modestie, l'humble aumônier de l'hôpital avait de l'esprit; non pas de cet esprit sec, sans onction, mais de celui qui vient du cœur, et tout semblable à ces fleurs modestes qui se cachent et ont encore plus de parfum qu'elles n'ont d'éclat.

En voici un ou deux exemples.

C'était une des plus grandes solennités de l'année; beaucoup de personnes peuvent se le rappeler comme nous. Un des prêtres habitués de la paroisse, l'abbé X..... était monté en chaire, pour prêcher, il avait fait le signe de la croix, prononcé les paroles de son texte; mais la mémoire et la présence d'esprit lui firent tout à la fois tellement défaut, qu'il lui fut impossible de renouer le fil de ses idées et d'ajouter un seul mot de plus. Bientôt, complètement déconcerté, il n'eut qu'un parti à prendre, celui de descendre de chaire. M. le curé, qui était au banc d'œuvre avec le clergé, pria le Père Gaschon de remplacer le prédicateur qui venait de subir cette triste déconvenue. Celui-ci obéit, monte en chaire, et prend pour texte ces paroles de l'Apôtre : *Nous faisons les fonctions d'ambassadeur de Jésus-Christ* (1), et voilà, ou à peu près, son exorde, où son cœur fit parler son esprit : « Mes chers auditeurs, au lieu d'être étonnés de l'hésitation et du trouble que vient d'éprouver notre cher confrère, vous devez en être profondément touchés et édifiés. C'est parce qu'il était bien pénétré lui-même de toute la grandeur et de toute l'importance de la mission qu'il allait remplir, qu'il a cédé à une émotion bien naturelle, et que les expressions lui ont manqué. C'est une leçon de respect pour la parole de Dieu qu'il nous a donnée à tous. Après cette leçon, je serais bien téméraire si j'osais remplir ici ce même emploi sans préparation. *Pro Christo ergo legatione fungimur*. Mais voilà ce qui me donne un peu d'assurance, c'est de penser que l'obéissance seule me fait monter dans cette chaire. » Et il prêcha sur le respect dû à la parole de Dieu. Je ne sais si on peut citer beaucoup d'exemples d'un à-propos aussi heureux.

Dans une autre circonstance, quelqu'un s'était oublié au point de manquer publiquement, et de la manière la plus grossière, à M. le curé d'Ambert. Celui-ci, avec ce ton et ce sourire si fin qu'on lui connaissait, laissa échapper un de ces mots où la méchan-

(1) II Corinth., 20.

ceté n'entrait pour rien, mais qui arrivaient au but aussi prompts que la flèche, et que l'on n'oubliait pas. L'auteur de l'insulte demeura humilié, confondu ; à quelque temps de là un cruel évènement vint frapper la famille du paroissien, qui avait de si graves reproches à se faire. Sa femme, dans eette fâcheuse extrémité, n'avait plus qu'une ressource, s'adresser à son curé. Elle se confond tout d'abord en excuses sur le tort de son mari. Madame, lui dit Monsieur de Rostaing, la circonstance que vous me rappelez, et dont j'avais entièrement perdu le souvenir, ne m'engage qu'à une seule chose, c'est de doubler la somme que je voulais mettre à votre disposition. Le père Gaschon, instruit de ce qui s'était passé, s'approche de M. le curé, et lui dit, à la sacristie, en présence de tous ses confrères : « Mon ami, laissez moi vous gronder pour le mot de l'autre jour, et vous complimenter pour l'action d'aujourd'hui. Vous méritez un petit soufflet sur cette joue et une bonne embrassade sur l'autre; mais non, je veux vous embrasser sur les deux joues; car, lorsque le cœur paie si généreusement l'amende qu'il a infligée à l'esprit, on est en sûreté de conscience, et on ne mérite que des éloges. »

C'est ainsi encore que le père Gaschon disait fort agréablement à un médecin de l'hôpital : « Docteur, ayez bien soin de mes malades : ce sont vos meilleures pratiques, car c'est Dieu qui paiera pour elles. »

Quoi qu'il en soit, le Père Gaschon jouit d'un privilége bien rare, celui d'être honoré et glorifié de son vivant et dans son propre pays. Malgré les précautions de son abaissement volontaire, sa perfection se fit jour contre son gré; son humilité même devint éclatante. Chose bien extraordinaire, il blâmait la conduite du monde, et cependant il obtenait l'approbation du monde ; il condamnait les désordres du monde, et pourtant il eut l'estime du monde. Les plus grands saints eux-mêmes n'ont possédé qu'à titre onéreux tant d'éminentes qualités, sur lesquelles l'envie, la malignité, la corruption du siècle ont voulu prélever une espèce de redevance. Le Père Gaschon n'eut point d'envieux, point d'ennemis, point de détracteurs. Il semble qu'il possédât le secret de conjurer tous les genres d'hostilités ; l'impiété même, qui regarde comme un avantage pour sa cause la dégradation de la piété, et qui par intention ou par intérêt répand ordinairement des nuages sur la vertu même la plus avérée, proclamait le Père Gaschon un modèle de sainteté. Il faut bien le dire aussi, notre saint compatriote ne consentit jamais à devenir l'homme d'une opinion ou d'une coterie quelconque pour s'inféoder en quelque sorte à leurs prétentions rivales, sans cesse en éveil, si personnelles et si exclusives; il fut toujours sans préférence comme sans acception de personnes, l'humble *débiteur de tous : omnibus debitor sum* (1).

CHAPITRE X.

Quelques traits (2) propres à faire encore mieux connaître le Père Gaschon, et qui expliquent, jusqu'à un certain point, le privilége dont il jouit et que nous avons signalé dans le chapitre précédent.

Rien ne peut mieux achever de peindre le Père Gaschon, rien ne peut mieux expliquer le respect et la tendre affection que tous lui portèrent de son vivant, que le récit simple de quelques traits empruntés à cette vie si pleine et si édifiante, et qui sont encore dans le souvenir et la bouche de plusieurs. Je les ai recueillis avec soin et les rapporterai avec exactitude, comme étant, en quelque sorte, les témoins et la constatation d'une vertu particulière, sous l'inspiration de laquelle ils s'accomplissaient. Chacun de ces faits sera comme une fleur de plus qu'avec respect j'ajouterai à celles qui composent

(1) Saint Paul.

(2) Nous les avons réunis ici parce qu'ils auraient entravé la marche de notre récit.

déjà la couronne de celui qui fut tout à la fois l'homme de Dieu et l'homme du peuple (1).

Tout ce qu'il y avait de généreux saisissait vivement son cœur, et les actes, chez lui, étaient toujours prêts à suivre les paroles. Ainsi, cette anecdote qui m'a été rapportée, me revient à la mémoire. Il sortait à peine d'une grave maladie, à peine entrait-il en convalescence, lorsque, entendant de son lit une pauvre femme qui venait à l'Ermitage, pour réclamer les secours spirituels pour son mari, qui, disait-elle, se mourait, le Père Gaschon ne consulte que son zèle, se revêt à la hâte de ses habits, et, malgré sa faiblesse, la rigueur de la saison, se met en route pour porter, à plus d'une lieue et demie de là, les secours de son ministère. On m'a assuré aussi qu'il avait secrètement prié les domestiques de la maison de n'éveiller que lui pour les courses nocturnes.

Une autre fois, sous prétexte de se confesser, un prisonnier gravement inculpé demanda à voir le zélé missionnaire ; dès qu'il en fut informé, le Père Gaschon n'eut rien de plus pressé que de se rendre auprès du détenu. Celui-ci avait l'air fort triste et fort affligé, et se plaignait amèrement d'avoir été enfermé

(1) *Placuit tam Deo quam hominibus.*

dans un cachot aussi obscur et aussi malsain. Il ne lui fut pas difficile de gagner son compatissant visiteur, qui, après l'avoir exhorté à la patience et à la résignation, ne tarda pas à s'apitoyer sur son sort et à s'y intéresser. Le prisonnier, qui ne cherchait qu'à en venir à ses fins e. qui pour cela même ne s'était qu'à moitié découvert, profita de l'émotion du saint prêtre pour le prier de solliciter son transport dans un endroit moins dur à habiter. Le Père Gaschon fit immédiatement des démarches qui eurent un bon succès. Mais quelle ne fut pas sa surprise, quelle fut encore plus son affliction, lorsqu'il apprit que son pénitent s'était évadé, et qu'il n'avait désiré son changement de prison que pour se ménager les moyens de s'échapper! Se reconnaissant coupable, ou du moins se croyant tel, ayant, disait-il, répondu de cet homme corps pour corps, le ministre de la miséricorde se hâta, dans l'intention de réparer sa faute, d'aller trouver le magistrat du lieu, et voulut à toute force se constituer prisonnier. Pressé par les instances les plus vives, le magistrat se vit forcé, pour en finir, et pour la satisfaction personnelle du Père Gaschon, de lui accorder ce qu'il demandait. Il le fit donc conduire et enfermer dans le cachot, et ce ne fut pas sans peine qu'on put plus tard le déterminer à en sortir.

Par cela qu'il était bon lui-même, cet homme de bien par excellence croyait difficilement au mal et ne le soupçonnait jamais. Cependant, comme il avait souvent entendu répéter que, dans une famille des plus considérables de la ville, on n'observait point habituellement les lois de l'abstinence, il voulut s'en assurer, afin d'adresser quelques observations fraternelles à la personne qui ne se conformait point aux prescriptions de l'Eglise. Un vendredi donc, un peu avant l'heure de dîner, il arrive à l'improviste dans la maison qu'on lui avait signalée; il y est accueilli avec tout le respect et les égards que commandait partout sa présence, et qui étaient dans les habitudes de politesse de celui qui le recevait. Mon vénérable Père, lui dit ensuite M. X...., à quoi dois-je le bonheur de votre visite? — A une fantaisie qui vous paraîtra passablement singulière; je viens vous demander à dîner. — Soyez le bienvenu, Père Gaschon, soyez le bienvenu; rien de plus heureux ne pouvait nous arriver. Seulement, je regrette d'avoir un mauvais dîner à vous offrir; nous ne nous attendions pas à avoir un si honorable convive. La dame, présente à la conversation, demande à se retirer pendant quelques minutes pour faire mettre, dit-elle, un couvert de plus. Je ne sais si de nouvelles dispositions pour le dîner furent prises ; mais, peu de temps après, on vint annoncer que le Père Gaschon était servi. Rien sur la table ne blessa ses regards ; tout y fut, depuis le commencement jusqu'à la fin, parfaitement conforme à la lettre et à l'esprit du commandement, *Vendredi chair ne mangeras, etc.* Le bon Père était heureux, et cependant il se reprochait d'avoir cru trop légèrement à de faux rapports. Ne pouvant plus y tenir : Voyez, mon cher Monsieur, dit-il au maître du logis, on m'avait dit que vous mangiez gras le vendredi. Je l'avais presque cru ; je vous avais mal jugé ; je vous en demande pardon. J'étais venu pour vous gronder ; acceptez mes excuses avec mes sincères compliments. O heureuse et rare simplicité ! ô humilité plus grande encore !

A Banelle, il était *excitateur,* c'est-à-dire que c'était lui qui, chaque matin, apportait de la lumière aux autres missionnaires dans leurs chambres, et les réveillait en prononçant ces paroles d'un saint usage dans les maisons ecclésiastiques et qui sont une invitation et un appel pour ceux à qui elles sont adressées de diriger leur première pensée vers Dieu : *Benedicamus Domino : Bénissons le Seigneur.* Les horloges de la maison pouvaient avancer, retarder, s'arrêter ; le vigilant réglementaire était d'une exactitude qui jamais ne se démentit. Il avait contracté une telle habitude de se réveiller et de se lever à la même heure, que les autres missionnaires disaient entre eux qu'on aurait pu régler aussi sûrement une montre sur le lever du Père Gaschon que sur celui du soleil. Un jour qu'à raison des fatigues extraordinaires de la veille, le supérieur avait accordé une heure de plus de repos et de sommeil à ses missionnaires, le Père Gaschon, qui ignorait cette dérogation accidentelle et toute de circonstance à la règle, commença à faire sa tournée matinale à l'heure fixe et impitoyable ; mais le confrère qu'il a réveillé, tout d'abord lui demande si déjà il est six heures. — Non, lui répond le Père Gaschon; heureusement il n'est que cinq heures, vous savez bien que c'est l'heure du lever. — Comment, l'heure du lever? Aujourd'hui, nous avons une heure de plus; avez-vous donc oublié ce que dit hier soir le supérieur? Et là-dessus il ajoute quelques paroles dans lesquelles perçait un peu de mauvaise humeur. Le Père Gaschon se confondit dans les plus humbles excuses, et alla jusqu'à se mettre à genoux pour lui demander pardon d'avoir à son insu interrompu prématurément son sommeil. Le confrère, touché de tant d'humilité, s'excuse à son tour : Oh! relevez-vous, Père Gaschon, lui dit-il, c'est moi qui devrais être à vos pieds; et il l'embrasse avec effusion, en ajoutant : Vous valez cent fois mieux que moi.

Quand ce n'était pas lui qui prêchait à Ambert, le Père Gaschon allait sur la place Saint-Jean, pour engager quelques paysans et quelques ouvriers qui s'y rassemblaient à venir entendre le sermon; peu résistaient à ses invitations paternelles. Un d'eux, cependant, se montra récalcitrant. Le bon Père l'avait pris par le bras, et cherchait à l'entraîner en lui faisant une douce violence. Celui-ci, dans un mouvement d'irritation, donna un soufflet au saint prêtre. Mon ami, lui dit avec douceur le Père Gaschon, donnez-moi un autre soufflet, si vous le voulez, mais venez à l'église. L'ouvrier, confondu et ramené à de meilleures dispositions, entre dans l'église, et le Père Gaschon, en revenant à son confessionnal, trouve à ses pieds, fondant en larmes, celui qui lui avait fait le plus sanglant des outrages.

Ennemi des disputes et des opinions qui surexcitent les hommes, il eût voulu les apaiser, les réconcilier tous. Voyant les esprits de plus en plus divisés et les cœurs aigris, il disait, à ce sujet, qu'il était *bien heureux que Dieu fût meilleur que nous.* Il poursuivait le bien jusque dans le mal; il pensait que chaque individu porte en soi un signe divin malgré les faiblesses, les vices et quelquefois les crimes qui le voilent et le défigurent. « Si Robespierre, disait-il, par un prodige d'humilité qui confond et qui prouve qu'il ne s'attribuait rien à lui-même, si Robespierre avait reçu un aussi grand nombre de grâces que le bon Dieu m'en a accordé, il vaudrait mieux que moi. »

« Tenez, répondit-il, dans une autre circonstance, à quelqu'un qui, devant lui, osait hasarder un timide éloge de ses vertus, tenez, dit-il en montrant ses lettres de prêtrise, qu'il avait fait encadrer au-dessous de son Crucifix, mon compte n'est-il pas bien terrible? Voilà les pièces sur lesquelles je serai jugé. Oseriez-vous bien me dire que ma vie répond à la grandeur de mes obligations? »

Pendant qu'il était occupé à une mission on lui amena un homme que l'on disait être possédé. Le Père Gaschon donna ici une nouvelle preuve de son discernement habituel, plein de sagesse et de sagacité. Avant d'exorciser cet homme, comme on l'en pressait, il voulut l'entretenir. Le malheureux, en effet, avait vendu son âme au démon par ses exactions, par ses usures, par sa conduite pleine d'immoralité. Le Père Gaschon l'engagea à réparer ses injustices, ses déportements, lui faisant observer que, quoiqu'il y ait eu et qu'il pût encore y avoir des possédés, le démon, cet usurpateur de nos âmes, n'avait, le plus souvent, d'autre pouvoir sur nous que celui que nous lui donnons. Le *possédé* se rendit à ses charitables et touchantes exhortations, se confessa, répara ses injustices, et le pacte infernal fut rompu; il fut délivré.

Me permettra-t-on de citer un fait bien simple et qui, à cause de sa simplicité même, ne fait que mieux ressortir tout ce que l'âme de cet homme parfaitement bon contenait de trésors de douce et aimable condescendance. Il avait prêché à la Chapelle-Agnon la fête patronale de saint Côme et de saint Damien, et après vêpres il voulut aller coucher à Cunlhat chez l'un de ses vénérables confrères, son ami de cœur, le Père Marcland. On lui avait donné un jeune homme pour l'accompagner et pour ramener le cheval sur lequel on l'avait en quelque sorte forcé de monter. A quelques pas du bourg, le Père Gaschon, sous son large chapeau, examina quelque temps son jeune compagnon, dont la figure des plus intéressantes respirait la gaîté naturelle à son âge, mais à travers laquelle le Père Gaschon crut démêler quelque nuage. Mon ami, lui dit il en patois, en venant avec moi tu perds une bonne occasion de t'amuser, car aujourd'hui dans ta famille il y aura bien quelque petit divertissement honnête où le bon Dieu ne sera pas offensé, et dont tu ne serais pas fâché de prendre ta part. Allons, dis-moi la vérité, ton esprit n'est pas là où est ton corps. — Excusez-moi, Père Gaschon, je suis bien content de vous accompagner, dit le jeune homme d'une voix assez naturelle. Le Père hocha la tête... Eh bien alors! disons le chapelet, continua-t-il, ça te donnera de la force, et le bon Dieu achèvera le reste. Mais après la récitation en commun de cette prière, le Père Gaschon descendit aussitôt de cheval, et après avoir donné une petite tape avec la main sur l'épaule du jeune homme : Va-t'en maintenant, je te remercie, je ne veux pas que tu ailles plus loin ; tu as bien prié le bon Dieu : pourvu que tu ne l'offenses pas, tu peux à présent aller t'amuser. Et sur ce, le vénérable vieillard poursuivit sa route encore bien longue, à pied et par de mauvais chemins.

L'année avant sa mort, un de ses confrères en le voyant revenir de la visite d'un malade, par un temps affreux d'hiver, lui dit : Pourquoi ne m'avez-vous pas prévenu ? j'aurais fait cette course à votre place. Pauvre Père Gaschon, on vous trouvera quelque jour mort dans la neige. — Eh bien! mon cher ami, que la volonté de Dieu soit faite! lui répondit le saint vieillard ; si je meurs ainsi, ce sera comme le soldat qui meurt à son poste. En faisant mon devoir je pourrai espérer alors que le bon Dieu sera plus disposé à me faire miséricorde.

CHAPITRE XI.

Le Père Gaschon à 84 ans. — Indisposition subite. — Un jour et une nuit de maladie. — Détails. — Sa mort. — Deuil général. — Ses obsèques.

Le Père Gaschon était entré dans sa 84e année, et sa constitution paraissait devoir affronter longtemps encore les ans et les fatigues : aucune infirmité notable ne l'avait atteint. Il n'avait presque jamais été malade, ou du moins presque jamais on ne l'avait entendu se plaindre. C'est qu'il n'avait jamais connu ces préoccupations égoïstes du *moi* humain qui, lorsqu'elles se matérialisent surtout, nous rendent à charge à nous-mêmes, si maussades et si ennuyeux pour les autres. C'est qu'il fut toujours insoucieux de sa santé, oublieux de lui-même. Et cependant dans un âge aussi avancé il avait conservé, non-seulement toute la plénitude de ses facultés diverses, mais il semblait que ses facultés aimantes eussent acquis un surcroît d'expansion, un degré d'activité de plus.

Un jour enfin, c'était le 27 novembre 1815, le Père Gaschon ne se trouva pas en se levant dans son état tout-à-fait ordinaire. Il descendit néanmoins à la chapelle pour y dire la messe; mais au moment de sortir de la sacristie pour aller à l'autel, il fut pris d'une défaillance subite. On le ramène dans sa chambre, et comme on l'engage à se mettre au lit : Non, non, dit-il, je vais mieux maintenant; laissez-moi seulement m'asseoir. Il n'y avait là que quelques vieilles chaises tressées en paille grossière, on lui donna la moins mauvaise. Mais une dame pieuse, qui était montée à la suite des religieuses, envoya aussitôt chercher un fauteuil sur lequel on força le vieillard défaillant de s'asseoir. Je n'ai jamais été si délicatement assis, dit-il ; vous me gâtez et vous me donnerez de mauvaises habitudes. La matinée fut assez bonne. Tous les moments que cet homme de prière ne donna pas à ses exercices habituels de piété, furent consacrés à une sollicitude de cœur pour les pauvres, ses enfants bien-aimés.

Des signes et des symptômes alarmants ne commencèrent à se manifester que dans la soirée. Le vétéran du sanctuaire, lui-même, fit connaître qu'il croyait sa fin prochaine. Alors de tous côtés, dans l'hôpital, on n'entendit plus que ces exclamations qui se perdaient dans les sanglots : Le Père Gaschon est au plus mal! le Père Gaschon est sur sa fin!..

Mon Dieu, quel malheur! Les pauvres, désolés, comprenaient toute l'étendue de cette perte irréparable. Ils savaient qu'ils perdaient un ami, un père.., et on n'a pas deux pères dans la vie!...

Tandis que tout le monde était dans la consternation et la douleur, le pieux patriarche paraissait calme et heureux. Les approches de la mort ne réveillaient en lui que de douces et saintes espérances. « Je n'ai pas pu » faire du bien à cette maison de mon » vivant, mais je tâcherai de lui en faire » après ma mort, dit-il aux religieuses éplo» rées qui entouraient sa couche funèbre. Pour » vous, continua-t-il, ne cessez jamais d'es» pérer en celui qui ne manque point à ses » promesses. »

Peu de temps après, arrivent M. le Curé et MM. les vicaires. Le Père Gaschon s'entretient quelques instants avec le directeur de sa conscience, puis, sur sa demande, on lui porte le saint Viatique, qu'il reçoit avec une angélique ferveur, et il répond lui-même à toutes les prières de l'Extrême-Onction qu'on lui administre.

Par un de ces secrets pressentiments de l'âme que le Ciel envoie, surtout à ceux dont l'amitié est sainte, le curé d'Olliergues, M. Lastic, eut la pensée de venir ce jour-là même à Ambert pour visiter son vieil ami, et il put jouir de la douce et amère consolation de lui serrer une dernière fois la main. Ce fut une faveur que Dieu leur accorda à tous les deux. M. Molin, obéissant à une même inspiration, arrive aussi presque en même temps dans la chambre de notre vénérable malade.

Cependant une amélioration assez sensible s'était manifestée dans l'état d'abord si inquiétant du Père Gaschon. Il refusa lui-même l'offre que lui firent deux de ses confrères, M. l'abbé Laroche et M. l'abbé Montheiller, son confesseur, de passer la nuit près de lui, et les invita à ne pas rester plus longtemps.

Croyant ainsi tout danger imminent passé, ces messieurs cédèrent à ses instances réitérées et se retirèrent vers les dix heures.

Quelque temps après leur départ, il pria la personne qui, avec la sœur Lacroix, était restée de garde dans sa chambre, de lui donner son chapelet, et il l'engagea à le dire de moitié avec lui. Il en récita ainsi deux dizaines; mais, épuisé par cet effort, la voix et les forces lui manquèrent pour continuer le reste. Depuis ce moment, il sembla s'isoler de tout ce qui l'entourait et ne dit plus un mot. Seul avec son Dieu, il demeura recueilli en lui, sans doute dans la méditation de ses vérités éternelles, dans l'espérance de sa miséricorde et dans l'avant-goût de sa possession.

Seulement vers les quatre heures du matin, 28 (1), il souleva sa main droite, la leva en signe de bénédiction sur la maison ; presque aussitôt cette main défaillante retomba !... Le saint prêtre venait d'expirer ; plein de mérites devant Dieu et devant les hommes, il avait quitté la terre pour aller au ciel trouver sa récompense et prier pour nous.

Sœur Lacroix s'approche avec respect, et lui ferme les yeux.

La personne qui nous a donné une partie des détails si simples et si intéressants qui précèdent, vit encore (2). Elle était témoin actif dans cette scène suprême ; c'est elle qui, d'après les instructions qui lui avaient été données par M. Molin, lava le visage du Père Gaschon après sa mort, et qui le revêtit de ses ornements sacerdotaux. Elle nous a dit de plus, mais nous la laissons parler, car ses paroles, qui nous ont ému, seront douces aussi à entendre pour toutes les oreilles chrétiennes : « La sœur Lacroix fut obligée de me quitter un moment pour aller dans les salles, donner quelques soins aux malades. Comme il n'était pas encore jour, elle me dit qu'elle allait ap-

(1) J'ai sous les yeux l'acte mortuaire officiel du père Gaschon, qui en fait preuve irrécusable, ce qui prouve *qu'il n'y a rien souvent de plus ignoré que ce qui est le plus connu.*

(2) Madame veuve Couherçon.

peler quelqu'un pour ne pas me laisser seule. Devinant sa pensée, je lui répondis : Allez, ma sœur, je resterai bien seule, je ne puis pas avoir peur, étant en la compagnie d'un saint; et je me jetai à genoux près du lit pour prier. »

Au point du jour, l'annonce de cette sainte mort se propagea avec une rapidité étonnante dans la ville, puis dans la paroisse, dans toutes les paroisses voisines, et y produisit une sensation profonde. Ce fut un deuil public et universel dans tout notre Livradois. Dès le matin, le corps du défunt, le visage découvert, avait été exposé dans la chapelle de l'hôpital. Des malades, des vieillards infirmes ou impotents, quittèrent leur lit pour venir dire un dernier adieu à celui qu'ils ne devaient plus revoir. On avait aussi remarqué l'attitude morne et abattue de ces pauvres enfants abandonnés, orphelins de nouveau, qui n'avaient connu les douceurs de la famille que par les soins des bonnes sœurs et par la tendre paternité du saint prêtre, qui maintenant n'est plus !...

Bientôt la ville entière, toute la population de nos campagnes se lèvent spontanément. On accourt de toutes parts, malgré le froid et la neige, pour rendre un dernier hommage à celui qu'on glorifie du nom de saint, et dont on veut contempler une fois encore les traits vénérés et chéris. Nulle voix discordante, nulle censure, même indirecte, dans ce concert général d'éloges et de bénédictions. Le cercueil de l'homme de Dieu eut l'insigne et rare honneur de fusionner toutes les opinions, tous les sentiments dans une touchante unanimité de regrets. Les passions politiques, elles-mêmes, firent silence devant les restes mortels de celui qui n'avait eu d'autre politique que la charité pour tous, et qui semblait n'avoir appartenu à la terre que par le bien dont il avait marqué son passage. Jamais pareil concours n'avait eu lieu.

Mais aux manifestations les plus éclatantes de douleur et de regret, succède tout-à-coup une sorte de frémissement et d'enthousiasme au milieu de cette foule d'abord respectueuse. Les vêtements du défunt, ses habits sacerdotaux, les moindres objets qui avaient servi à son usage, tout fut précipitamment coupé, morcelé et distribué à la multitude qui se les arrachait (1).

Sur le bruit que la paroisse d'Olliergues s'est levée en masse pour réclamer les dépouilles mortelles de son ancien vicaire, une garde est placée près de la bière, et M. Molin, jadis curé de Job, vicaire général du dio-

(1) On fut obligé de les renouveler jusqu'à trois fois.

cèse, M. de Rostaing, curé d'Ambert, et MM. les prêtres de la paroisse se relèvent pour veiller sur le dépôt de ces précieuses dépouilles.

La même affluence eut lieu le lendemain, 29. Ce ne fut que le 30 qu'on procéda à l'inhumation ; car il fallut attendre la double permission que l'on avait demandée à Clermont, à l'autorité diocésaine et départementale, d'enterrer le Père Gaschon dans la chapelle de l'hôpital. Celui qui avait vécu pauvre, qui était mort pauvre, voulut être enseveli au milieu des pauvres (1). Ce trésor devait aussi être confié à votre garde, saintes et zélées hospitalières. La flamme des nobles dévoûments, des généreux sacrifices, qui embrase votre âme, se rallume tous les jours au feu de la charité qui avait embrasé et consumé son cœur.

Notre ville et ses environs, dès le matin de la triste cérémonie, présentaient un aspect inaccoutumé. *Les fabriques de tout genre*, les boutiques, les ateliers, étaient fermés; tous avaient quitté leurs occupations et leurs travaux habituels. Les cours, le jardin de l'hôpital, ses abords, les chemins qui y conduisent

(1) *Pauper vixi, pauper morior, inter pauperes sepeliri volo.* A qui cette épitaphe pourrait-elle mieux convenir qu'à celui dont on vient de lire l'histoire?

étaient envahis, encombrés, et malgré le mauvais temps et un froid d'une rigueur extrême, la foule était là depuis plus de trois heures debout, immobile et en prières.

Après la dernière absoute, les restes du Père Gaschon furent déposés dans un caveau pratiqué à cet effet devant l'autel.

Ce fut un spectacle *émouvant*, lorsque, au milieu d'un nombreux clergé, de toutes les autorités de l'arrondissement, sans appareil officiel, d'hommes de toutes les classes de la société se pressant dans cette étroite enceinte, une pierre recouvrit ce qui restait de terrestre et de périssable du saint prêtre. Il n'y eut sur cette tombe ni oraison funèbre ni discours appris et récité par quelque voix isolée. La grande voix du peuple se fit seule entendre, et c'était bien ici *la voix de Dieu.*

Humble enfant de chœur, j'étais là, remplissant mes humbles, mais ce jour-là devenues mes bien chères fonctions. On ne pleurait pas, tous étaient sous de plus consolantes impressions, tous se ratachaient à cette même pensée : Notre frère, notre ami, notre protecteur n'est point mort; *mais il vit*. Tous semblaient se dire : C'est un bienheureux... c'est un saint!

A gauche du caveau où fut déposée la bière et à peu de distance, fut placé un monolithe en marbre noir, adossé à la muraille, sur lequel est écrite en lettres d'or l'inscription que voici :

CI GIT
FRANÇOIS GASCHON, PRÊTRE,
ANCIEN MISSIONNAIRE,
DÉCÉDÉ DANS CET HOSPICE
EN ODEUR DE SAINTETÉ,
LE 28 NOVEMBRE 1815,
AGÉ DE 83 ANS.

Et maintenant, quelle vie plus faite pour orner les annales de la vertu? Quelle vie que celle qui, pour exciter l'admiration, n a pas besoin d'être revêtue d'un éclat étranger, et qui ne perd rien de son lustre, quoique exposée avec la simplicité de la plus humble des narrations !

CHAPITRE XII.

Pèlerinage sur la tombe du Père Gaschon. — Commune renommée qui lui attribue des miracles. — Notre opinion personnelle. — Fait constaté par la science. — Nos vœux, nos espérances. — Soumission avant tout et par-dessus tout aux décisions de l'Eglise.

La chapelle où reposent les cendres du Père Gaschon est l'objet de continuels pèlerinages ; on vient de tous les lieux d'alentour et même des provinces voisines. La commune renommée a maintes fois publié les merveilles qui s'opèrent sur son tombeau, *et l'a déjà rendu glorieux ;* maintes fois aussi une reconnaissance pleine de ferveur a consacré le souvenir des secours surnaturels obtenus par l'intercession de ce favori de Dieu, en y déposant de nombreux *ex-voto.*

Et pourquoi le don de prodiges ne serait-il pas accordé à celui dont la vie tout entière fut un prodige continuel de mortification, de pauvreté volontaire, de charité qui s'oublie et qui s'immole? Quel autre mérita mieux que lui d'être l'instrument de la miséricorde et de la puissance divines envers ses frères? Pourquoi ne lui serait-il pas donné après sa mort de faire du bien à ceux qu'il avait tant aimés lorsqu'il était sur la terre? Pour moi, je crois le voir au milieu des splendeurs célestes avec cette douce majesté qu'imprime aux fronts immortels le reflet de la face divine, puiser dans cette fournaise d'amour un redoublement de charité pour les pauvres, pour les infirmes, pour les malades! Chose remarquable en effet, c'est sur cette classe souffrante et délaissée, à laquelle, comme Jésus-Christ, il avait donné une préférence visible dans le temps de son terrestre apostolat, que le Père Gaschon a répandu les prémices de ce pouvoir céleste, qu'un grand nombre de faits semblent nous autoriser à lui attribuer. Une première merveille irrécusable et toujours subsistante, ne se manifeste-t-elle pas dans l'accomplissement de la promesse suprême du charitable thaumaturge : *Je n'ai pas pu faire du bien à cette maison de mon vivant, je tâcherai de lui en faire après ma mort?* Et en effet, ce vœu et cette promesse ne se réalisent-ils pas tous les jours pour la gloire de Dieu, pour la glorification de son serviteur, pour l'avantage temporel de l'hôpital, qui puise des ressources si abondantes et si nécessaires à la multiplicité de ses besoins, dans les dons, les aumônes de ces pieux et nombreux visiteurs qui affluent de toute part au tombeau de ce favori du ciel (1)?

La mort, loin de glacer son cœur et de suspendre les effusions de son amour, n'a fait que consacrer et resserrer les liens qui l'unissaient aux enfants chéris que le Seigneur lui avait confiés (2).

Parmi une infinité d'autres faits de même nature, qui proclament et consacrent les faveurs de la puissance divine obtenues par l'intercession du Père Gaschon, j'en citerai un qui me paraît tellement authentique que devant lui doit s'évanouir l'incrédulité la plus défiante et la plus soupçonneuse. Cet événe-

(1) Nous en trouvons la preuve dans le travail si remarquable exécuté par M. d'Amarzit, receveur des finances à Ambert, avec autant de zèle que de désintéressement.

(2) *Ecce ego et pueri mei, quos dedit mihi Dominus* (Is., 18).

ment merveilleux, disons le mot, ce miracle (car pourquoi employer des circonlocutions plus ou moins timides à l'usage du respect humain et qui sembleraient demander grâce au lecteur?) m'a été rapporté par le docteur Perret, juge de paix et médecin à Saint-Anthème, homme grave, instruit et témoin oculaire. Je le laisse parler avec la double autorité que lui donnent son caractère et la spécialité de sa science :

« Marie Tronel, du lieu de Cherget, commune de Saint-Anthème, âgée de 18 ans, d'un tempérament lymphatique et sanguin, n'avait eu depuis plusieurs années qu'une mauvaise santé. Dans le courant du mois de février 1849 nous fûmes appelé à lui donner nos soins. Sa position était grave; nous observâmes ce qui suit : malaise et douleur à l'épigastre, qui ne pouvait supporter la moindre pression; — douleurs intestinales très-vives; langue rouge sur les bords et à sa pointe couverte d'un enduit blanchâtre; — pouls tendu, fréquent; — perte complète de l'appétit, nausées, vomissements par suite de l'ingestion de la partie la plus minime de substance alimentaire. Ces symptômes, joints aux signes commémoratifs, nous firent reconnaître une gastro-entérite passée à l'état chronique. Nous donnâmes à la malade tous les soins que réclamait son état, mais tout fut inutile. Sa position devint plus mauvaise encore, les symptômes augmentèrent considérablement; quelque temps après les idées s'embarrassèrent, la tête devint pesante, elle éprouva de l'accablement, de la somnolence, de la répugnance pour le mouvement; les yeux de la malade se fermèrent pour ne plus se rouvrir jusqu'au jour de la guérison.

» Au bout de quelques mois, nous remarquâmes des changements plus graves encore : la langue rétrécie était devenue tremblante, le pouls plus petit, plus fréquent; la face jaunâtre et ridée; la maigreur devint excessive; il ne fut plus possible de faire prendre à la malade qu'un peu de petit lait; elle devint triste, abattue, sujette à des hallucinations, à des erreurs de jugement ou autres troubles des fonctions mentales. Les accidents nerveux se prononcèrent de plus en plus, la tête éprouva un mouvement continuel, une espèce de balancement qui ne cessa que le jour de la guérison; la faiblesse était extrême.

» Une ascite se manifesta, elle fit des progrès rapides, mais sans prendre néanmoins un volume tel que la ponction fût nécessaire. Un des membres inférieurs devint très-volumineux, parut enflammé et se couvrit bientôt de taches violacées; l'autre resta dans son état naturel, mais froid et glacé. La face s'altéra, prit une teinte cadavéreuse, enfin la malade fut considérée comme irrévocablement destinée à une mort prochaine et par nous et par tous nos confrères appelés. Elle demeura dans cet état jusqu'au 12 avril 1850. Ce jour-là nous fûmes mandé auprès d'elle en toute hâte : elle venait d'éprouver une attaque qui avait paralysé le côté droit et lui avait enlevé le peu de connaissance qu'elle avait par intervalles seulement conservée jusque-là. Elle se maintint encore sans mouvement à raison de la paralysie, sans parole, sans connaissance, ne prenant que quelques gouttes de petit lait jusqu'au 27 mai suivant. A cette époque ses parents prirent une résolution extrême. On avait remarqué que dans tout le cours de sa maladie, et quand elle avait sa connaissance, elle avait manifesté l'intention de se faire conduire à Ambert sur la tombe du Père Gaschon. Ces manifestations devenaient plus pressantes aux époques où elle était administrée (elle l'avait été trois fois). Pour n'avoir pas à se reprocher une opposition à ce vœu, au risque de la voir périr en route, les parents la mirent dans une voiture et partirent pour Ambert.

» Que s'est-il passé soit au départ, soit à Ambert? Nous ne le dirons pas, parce que nous ne l'avons pas vu, mais nous ajouterons que le lendemain nous avons revu la malade jouissant de toutes ses facultés, même de celle de la locomotion, allant, venant, mangeant, parlant, manifestant sa joie, et à part un peu de faiblesse radicalement guérie. Nous l'avons revue souvent depuis cette époque; sa santé s'est parfaitement soutenue.

» Comme tant d'autres, en présence de ce fait nous nous sommes arrêté d'étonnement, nous en avons recherché la cause, nous livrant à de sérieuses réflexions; nous avons pris du temps pour cela, laissant passer sans y prendre part le premier moment d'enthousiasme populaire... Nous nous sommes d'abord demandé si nous ne pourrions pas attribuer cette cause à la confiance de la malade, mobile puissant dont nous ne contestons nullement l'influence sur l'ensemble de l'organisation; mais nous avons abandonné ce terrain devant un résultat si rapide, si exagéré, alors que la malade avait à peine la conscience qu'elle existait, puisque l'organe de la pensée avait perdu toute son énergie.

» Nous nous sommes encore demandé si, fortement prévenu, nous ne serions pas dupe nous-même d'une de ces illusions qui saisissent l'esprit du vulgaire, se passionnant pour tout ce qui est merveilleux; mais il a fallu se rendre à l'évidence, car dans ce que nous avons vu, l'illusion n'était possible à personne, non-seulement au médecin, mais encore à l'esprit le plus rebelle et le plus disposé à douter de ce qui se passe autour de lui.

» Enfin nous avons interrogé la science médicale. Des études sérieuses, une pratique longue et soutenue nous ont mis à même de connaître à peu près tout ce qu'elle a pu jusqu'à ce jour apprendre aux hommes, et, nous le déclarons avec la plus entière conviction, nous n'y trouvons rien qui, dans l'état actuel de la science, puisse nous rendre raison d'un pareil événement.

» Que s'est-il donc passé? Nous ne le savons pas. Que la philosophie qui sait tout nous donne une explication satisfaisante, qu'elle cherche en elle-même, et si elle ne trouve pas, il faudra bien conclure que Dieu a pour les hommes des secrets que leur intelligence ne pourra jamais pénétrer.

» Signé : **PERRET**, *docteur médecin.* »

Après un rapport si net et si concluant, qui prévient ou qui résout toutes les objections, nous n'ajouterons que quelques mots qui renferment nos vœux et nos espérances. Puisse **Dieu**, *qui a pour les hommes des secrets que leur intelligence ne saurait pénétrer*, nous les révéler lui-même de plus en plus dans la puissance d'intervention auprès de lui accordée à notre saint compatriote! Puisse la juste reconnaissance de ceux qui obtiendraient par cette intercession de nouvelles faveurs les publier hautement! Puisse enfin un jour l'Église, qui seule a la mission de reconnaître et de constater les véritables merveilles de la sainteté, après avoir pesé, comme elle le fait toujours, dans la balance du plus sévère examen, les miracles attribués au Père Gaschon depuis le moment de sa mort, trouver de justes et suffisants motifs pour placer l'auréole sur son front, proposer sa mémoire à la vénération des siècles, et lui décerner un culte public! Nous le répétons, ce sont nos vœux, ce sont nos espérances.

Mais nous ne pouvons rien faire ni rien dire de plus. Ce n'est point à nous à prendre en quoi que ce soit une téméraire et présomptueuse initiative; pour règle de conduite, nous devons nous conformer en tout point au décret d'Urbain VIII, 13 mai 1625, qui fait loi sur cette matière (1). Le mépris de cette loi, *violée par un seul hommage indiscret* (2), nous rendrait non-seulement gravement répréhensibles, mais même empêcherait à tout jamais la béatification de celui qui est mort au milieu de nous en odeur de sainteté. Plus donc on est pénétré d'une sincère vénération pour ce grand serviteur de

(1) C'est pour nous conformer en ce qui nous concerne aux décisions du Saint-Siége, que nous avons mis à la tête et à la fin de ce petit livre la protestation prescrite par Urbain VIII.

(2) Voyez les cours complets de théologie sur l'ouvrage de Benoît XIV, article *Béatification*.

Dieu, plus la manifestation doit en être circonspecte et prudente. Plus on est animé d'une véritable piété, plus on doit se montrer soumis aux décisions de l'Eglise, dont on ne doit jamais devancer le jugement.... Pour aller s'abreuver à de nouvelles eaux, le fidèle doit attendre que l'Eglise nous en garantisse la pureté. Pour aller à de nouveaux pâturages, la brebis docile doit attendre que son pasteur l'y conduise.

NOTES

TROUVÉES DANS LES PAPIERS

DU PÈRE GASCHON [1].

CRAINTE DE DIEU.

Craignez celui qui peut perdre
l'âme et le corps.

Que craignez vous si vous ne craignez un Dieu, un Dieu irrité, un Dieu vengeur, un Dieu qui peut vous perdre et vous anéantir? Vous craignez ces tonnerres qui font retentir l'air d'un bruit épouvantable, et ces tonnerres ne sont que la voix de Dieu. Vous craignez de voir ces flammes volantes, ces éclairs qui brillent sur vos têtes, et ces éclairs ne sont que les regards de Dieu ; vous tremblez avec les arbres et les maisons, lorsque les vents agitent la terre et semblent vouloir l'enlever de ses fondements, et les vents ne sont que le souffle de Dieu... Vous craignez l'épée, et vous ne craignez pas celui

(1) Ces passages, ornés de ce qu'il y a de plus beau, ou plutôt de ce qu'il y a de plus divin dans les Ecritures, me semblent des modèles du genre. Quelques-uns peuvent être mis à côté de l'exorde célèbre du père Bridaine, rapporté par l'abbé Maury.

qui la porte et qui s'en sert... Vous craignez les vents, les tonnerres, les foudres, les éclairs, les tempêtes, et vous n'avez point de crainte pour celui qui fait mouvoir tout cela comme il l'entend et comme il le veut. — *Craignez celui-là......* Vous avez tant de crainte et d'appréhension pour les hommes qui sont puissants et cruels... L'on tremble en leur présence comme la feuille sur l'arbre, l'on se courbe devant eux comme la ligne d'un pêcheur, l'on violente sa nature et ses inclinations, l'on souffle le froid et le chaud d'une même bouche, l'on commet dix mille crimes et dix mille lâchetés de peur de leur déplaire, et l'on ne craint pas Dieu, qui peut nous anéantir et nous précipiter tous dans l'enfer! *Craignez celui-là.*

Les enfants prennent toute espèce de précautions, usent de mille prévenances, de peur qu'en perdant les bonnes grâces de leur père, ils ne perdent son héritage. Cet ami trahira son Dieu et sa conscience de peur d'offenser son ami; ce serviteur sera un flatteur, un menteur, un médisant, de peur de fâcher son maître; et l'on ne craint pas Dieu, qui peut nous priver à jamais de sa gloire et de son héritage éternel, et qui peut nous chasser de son service et nous mettre hors de sa maison!...

LE PÉCHÉ.

Ceux qui disent que le péché n'est rien, disent mieux qu'ils ne pensent, puisque la théologie le qualifie de ce nom, et ne lui donne point d'autre essence que celle du néant; et à vrai dire non-seulement le péché est un néant, mais encore il détruit celui qui le commet et le réduit au néant.

C'est la raison qui est le caractère de l'homme, c'est elle qui le distingue des bêtes et qui le fait être homme; et comme le péché combat et détruit la raison, il détruit la nature de l'homme et le réduit à la lamentable condition des bêtes. Quel funeste changement, s'écrie saint Bernard, de voir celui dont le trône était élevé sur la tête des animaux, descendre et venir se mêler au milieu d'eux! Le péché, *ce rien*, anéantit l'illustre nature de l'homme, et la dépouille de ses plus riches ornements. Il anéantit la grâce, cette précieuse qualité, puisque, ses accidents étant chassés de leur sujet, ils sont obligés de périr, leur nature ne leur permettant pas de passer d'un sujet dans un autre. Il détruit toutes les vertus, tous les dons du Saint-Esprit, tous les mérites, toutes les richesses de la vie passée. Oui, pécheur, lorsque tu vivais sans péché, tu avais fait un grand nombre de bonnes et de louables actions :

tu avais jeûné tant de fois, tu avais donné tant d'aumônes, tu avais fait dire tant de messes, tu avais fait tant de prières et d'oraisons; voilà que tu commets un péché mortel, tout cela est perdu pour toi, si tu meurs en cet état déplorable; tout cela est perdu pour toi, parce que le péché perd tout, détruit tout, anéantit tout. Il prive de la vie morale, qui consiste en la possession des vertus; il prive de la vie surnaturelle, qui consiste en la grâce et en la gloire... Que de privations! Que de destructions! Que d'anéantissements! Est-ce étonnant si Dieu va chercher l'homme dedans l'homme, et s'il méconnaît cet ouvrage qui ne fait que sortir de ses mains? *Adam, où es-tu?* Et ne le voyez vous pas, Seigneur, tout pâle et tout tremblant sous les branches de ce figuier? Non, ce n'est pas Adam; Adam est un homme, et voilà une bête; Adam est une créature, et voilà un rien; Adam est une image de la divinité, et voilà l'image du péché... Dieu ne voit pas Adam parce que Adam n'est plus ce qu'il était : c'est un rien, c'est un néant. Le péché l'a dépouillé de son être, il l'a anéanti.

RECONNAISSANCE ENVERS DIEU.

A raison des grâces particulières qu'il nous a accordées.

HUMILITÉ.

Que si Dieu vous a aimé jusque-là, qu'il ait détourné toutes les pierres de votre chemin, qu'il ait permis que vous ne soyez pas tombé, ou s'il l'a permis, qu'il vous ait redressé, et après vous avoir redressé qu'il vous tienne par la main, et vous empêche de retomber, ne vous enorgueillissez point de cette faveur, ne méprisez point dans votre cœur ceux qui font des fautes et s'abandonnent au péché, car un homme ne fait rien qu'un autre homme ne puisse faire, s'il n'était assisté de la grâce de celui qui s'est fait homme pour sauver les hommes. N'est-ce pas ce qui faisait entrer saint François dans des humiliations extrêmes, se disant le plus grand de tous les pécheurs, non pas qu'il le fût véritablement, mais parce qu'il l'eût été si Dieu lui eût fait le même traitement qu'au plus abandonné de tous les hommes? C'est ce qui ouvrait la bouche de saint Augustin aux remercîments continuels, considérant les malheurs d'autrui comme des faveurs qui lui étaient faites. C'est ce qui faisait que saint Anselme et saint Bernard regardaient les tentations des autres, leurs chutes, leurs péchés comme des rochers et des précipices qu'ils avaient eux-mêmes évités, non par leur adresse, mais par la conduite miséricordieuse de **Dieu** à leur égard.

JUSTICE, MISÉRICORDE, PÉNITENCE.

Dieu a trois grands royaumes où il exerce son infini pouvoir : le ciel, la terre et les enfers... La miséricorde sans la peine fait le paradis des bienheureux ; la peine seule, qui est un effet de justice sans miséricorde, fait l'enfer des reprouvés... Joignez les deux ici-bas en terre, faites que la miséricorde du ciel et la justice de l'enfer se rencontrent, s'embrassent, ce sera par la vertu de ce que nous appelons pénitence, que s'établira l'autre royaume de Dieu sur la terre... La pénitence est donc le sacré milieu, le centre et le nœud adorable qui lie la justice avec la miséricorde, afin de produire le salut de nos âmes. Car prenez-y garde, la peine de soi-même est stérile et inféconde, ne faisant que du mal. La justice punitive ou vindicative ne l'est pas moins, puisque, n'étant appuyée que sur la faute, elle ne va qu'à la punition. Donc la justice et la peine, soit unies, soit séparées, ne peuvent produire que du mal. Au contraire, la miséricorde est cette huile divine qui, répandue sur la peine que nous souffrons en cette vie, la vivifie, la rend méritoire et salutaire. Si vous joignez la miséricorde à la justice, elle la désarme. Elle ôte des mains de Dieu les foudres et la vengeance, pour y mettre les récompenses de la grâce et les couronnes de la gloire.

Ce qui est si vrai, que si par impossible, dans le cours ordinaire de la Providence, une goutte, oui, une goutte de cette huile divine, mêlée avec le sang de Jésus-Christ, tombait même dans les enfers, elle éteindrait à l'instant ces flammes dévorantes. — A quoi j'ajoute que, tout ainsi qu'est le déplorable état de la damnation, la justice vengeresse se lie et s'arrête non pas tant sur le péché, comme sur la continuation et sur l'endurcissement dans le péché, que les damnés ne rétractent jamais. De même dans le divin ouvrage de la pénitence, la miséricorde s'attache et s'arrête principalement sur la douleur véritable, sur le repentir, enfin sur le désir sincère et efficace que l'on a de sortir du péché.

De là il arrive que la justice vindicative est éternelle dans les enfers, et qu'elle n'est que passagère sur la terre. Pourquoi? parce que la justice trouve dans les enfers une impénitence finale. Elle y rencontre une continuation éternelle de crimes, de rages, de fureurs et de blasphèmes. Le péché y est accompagné d'une peine, mais sans amendement. Ces malheureux sont châtiés, mais ils ne sont pas corrigés. En un mot, la même peine qui damne les réprouvés, n'étant liée qu'avec la justice de Dieu, c'est la même qui amende les prédestinés, étant attachée à sa miséricorde. Si donc, ô pécheurs! par l'interruption de vos vices et par la discontinuation de vos crimes, vous devenez pénitents, alors vous faites par ce moyen l'heureuse alliance de la justice et de la miséricorde, qui se rencontrent en vos peines. Et alors, alors l'abîme de votre misère attire celui de la divine miséricorde, laquelle, pour ce sujet, David invoque dès l'entrée de sa pénitence.

JUSTICE ET COLÈRE DE DIEU.

Qui connaît la puissance de votre colère? Quelle est l'imagination assez forte, quel est l'esprit si pénétrant, quelle est la bouche d'airain, la langue de feu, la voix de tonnerre, qui pourra dignement expliquer la grandeur de la colère de Dieu? Ne la connaissez-vous pas, Lucifer, vous qui êtes le premier criminel? Ne la connaissez-vous pas, Anges rebelles, esprits superbes et orgueilleux, qui brûlez depuis tant de siècles sans pouvoir être consumés? Ne la connaissez-vous pas, Adam, auteur infortuné de tous nos malheurs, qui avez été réduit à une honteuse servitude après avoir été dépouillé de tous les ornements que la justice originelle vous avait donnés? Ne la connaissez-vous pas, Noé, qui lui vîtes ouvrir toutes les écluses de l'air et de la mer, pour noyer toute la terre? Superbe Égypte, ne la connais-tu pas? Ne l'as-tu pas vue courir toutes tes villes et tes habitations, l'épée exterminatrice d'une main, et de l'autre semant les dix plaies dont une seule suffisait pour ta ruine? Ne la connais-tu pas, Nabuchodonosor, toi qu'elle a chassé de ton palais comme une bête sauvage? Toi, Balthasar, ne la connais-tu pas aux caractères qu'elle trace, et devant lesquels tu demeures glacé d'effroi? Saül, toi à qui elle a arraché la couronne et la vie, ne la connais-tu pas? Ne la connais-tu pas, infortuné Sédécie, qui la vis dans les prisons de Babylone égorger trois ou quatre petits rois, tes enfants, à tes yeux, qu'elle t'arracha aussitôt après pour t'empêcher de ne plus rien voir de consolant et d'agréable?... *Qui connaît la puissance de votre colère?* Personne, personne ne la connaît, ni Sédécie, ni Saül, ni Balthasar, ni Nabuchodonosor, ni Sodome, ni l'Égypte, ni Noé, ni les anges rebelles, ni Lucifer : personne ne saurait la concevoir. Le sang d'Égypte n'est pas assez rouge pour la dépeindre, les feux de Sodome ne sont pas assez brûlants pour en donner une idée, la bouche de l'enfer est trop petite pour la raconter, l'esprit de l'homme n'est pas assez puissant pour la concevoir, et les siècles sont trop courts pour la considérer; il n'est que l'éternité, il n'est que l'éternité malheureuse qui nous puisse apprendre qu'est-ce qu'un Dieu courroucé, qu'est-ce que la colère de Dieu, qu'est-ce que la vengeance de Dieu, qu'est-ce que la justice de Dieu. Après cela l'on se flattera d'une vaine espérance, l'on dira que Dieu est bon, que Dieu est bon, et qu'il ne sait pas ce que c'est que de punir.

LA MORT.

Cette nuit, ils te demanderont ton âme!

La mort, ce sergent du parlement de Dieu, ne te demandera pas une fois seulement ton âme, mais après qu'il te l'aura ravie, il te la demandera encore, comme si tu avais autant d'âmes que tu as de diverses affections; et après l'avoir donnée une seconde fois, il te la demandera encore une troisième, et la mort ne cessera point de te la demander qu'elle ne l'ait séparée de tout ce qui te retient ici-bas. O mort! que tu es cruelle, que tu es dure pour un homme que l'avarice, la volupté et les autres passions tiennent attaché à la vie! Que tu es amère à ceux qui n'ont goûté que les douceurs et les plaisirs du monde! Que tu es dangereuse puisque tu engloutis toutes les espérances des pécheurs! Ne voyez-vous pas comme il étend ses mains sur son lit, comme il va cherchant, comme il va ramassant? Que cherchez vous, pauvre agonisant, que cherchez vous sur ce lit? Hélas! je cherche cet argent, ces richesses qui m'ont coûté tant de sueurs à amasser, tant de soins à conserver, tant de regrets à quitter. Je vois la mort qui les emporte, qui confisque tous mes biens, tous mes héritages. O Dieu! ne rentrerai-je jamais dans cette maison où j'ai reçu tant de contentement? Voyez-vous comme il tire ce linceul qui le couvre, comme il le tient dans ses mains? Il craint que la mort ne l'emporte avec tout le reste. Eh bien! pauvre malheureux, tu l'auras, la justice de Dieu te fait cette grâce, tu auras ce peu de toile pour te couvrir. Tu te désespères dans ce lit de quitter ta maison? Laisse faire ton juge : il t'en donnera une, quatre planches et cinq ou six clous. Tu n'as plus de possessions? Laisse faire, on t'en donnera une, six pieds de terre dans un cimetière. Oh! quelle possession que six pieds de terre! Oh! quelle maison qu'un cercueil! Oh! quel ameublement qu'un peu de toile! Oh! si le monde y pensait! que l'on n'emploierait pas ses soins à amasser des biens qui ne sont capables que de donner de la peine et de la douleur !

PRIÈRES

DURANT LA SAINTE MESSE.

AU COMMENCEMENT DE LA MESSE.

Au nom du Père, et du Fils, et du Saint-Esprit.

C'est en effet en votre nom, adorable Trinité, c'est pour votre gloire et avec un désir sincère de vous rendre le plus grand et le plus juste des hommages que je me présente aux pieds de vos saints autels pour assister à ce divin sacrifice.

Je reconnais et j'avoue, mon Dieu, que mes iniquités me rendent indigne de paraître devant vous. Aussi c'est dans un vif sentiment de mes fautes, ô souverain Maître! qui voyez le fond de mon cœur, que je viens vous confesser, que je confesse, à la bienheureuse Marie toujours Vierge, à saint Michel Archange, à saint Jean-Baptiste, aux bienheureux apôtres saint Pierre et saint Paul, et à tous les saints, que j'ai péché, que j'ai très-grièvement péché; mais je déclare aussi à la face de toute la cour céleste, que c'est avec un sincère et profond repentir que je déteste tous ces péchés, suppliant la mère de la grâce divine, en qui après vous je mets toute ma confiance, et tous les saints, de joindre leurs prières aux miennes, pour obtenir pour moi indulgence et pardon.

A l'Introit et au Kyrie.

Oui, c'est avec une entière confiance en votre infinie miséricorde, Dieu de bonté, sans craindre d'être rebuté, que je vous supplie, par les mérites et au nom de mon Sauveur Jésus-Christ, d'avoir compassion de ma misère, d'avoir pitié de l'ouvrage de vos mains. O juge encore plus clément que sévère! faites-moi grâces; ô le meilleur et le plus tendre des pères! recevez l'enfant égaré qui se jette dans votre sein. O Christ! ô mon Sauveur! vous êtes toute mon espérance, toute ma consolation, toute ma force; soyez mon salut.

Au Gloria in Excelsis.

Gloire à Dieu au plus haut des cieux et paix aux hommes de bonne volonté qui ont le cœur droit, et qui ne cherchent, Seigneur, qu'à vous plaire. Nous vous louons, nous vous bénissons, nous vous adorons avec tous les sentiments que le respect, l'amour et la reconnaissance nous inspirent. Nous vous rendons de très-humbles actions de grâces, adorable Jésus, Fils unique et consubstantiel du Père éternel, Seigneur en tout égal à lui, vous qui par un prodige d'amour êtes devenu notre victime et l'agneau de Dieu qui efface les péchés du monde. Ayez pitié de nous, du haut de votre trône, où vous êtes assis à la droite de votre père. Exaucez notre prière, vous qui êtes le seul infiniment saint, infiniment puissant, avec le Saint-Esprit dans la gloire du Père.

Aux Oraisons.

Daignez, Seigneur, accorder à votre ministre les grâces qu'il vous demande pour lui et pour nous et pour toute l'Eglise ; c'est au nom de Notre-Seigneur Jésus-Christ, votre fils, c'est par l'intercession de la bienheureuse Vierge et du saint en particulier dont l'Eglise célèbre la fête aujourd'hui, que je vous conjure d'écouter ma prière et d'exaucer mes vœux.

A l'Epître.

Comme c'est votre Saint-Esprit qui a inspiré vos prophètes, vos apôtres et tout ce que l'Ecriture sainte nous enseigne, donnez-moi, ô mon Dieu ! un cœur docile pour mettre en pratique les salutaires instructions que nous donnent les saints livres, et pour écouter les sages avis de ceux qui sont chargés plus particulièrement de la conduite de mon âme dans les voies du salut.

A l'Evangile.

C'est ici, Seigneur, votre véritable parole; avec quel respect dois-je l'entendre, avec quelle fidélité dois-je lui obéir! Je me lève debout pour protester à la face du ciel et de la terre, que je suis prêt à donner ma vie pour les vérités que votre saint Evangile m'enseigne, et que sa morale sera la règle de ma conduite. Je ne veux plus suivre d'autres maximes que les vôtres. Parlez, Seigneur, car c'est avec l'humble soumission d'un serviteur dévoué que je vous écoute. Le ciel et la terre passeront, mais vos paroles, Vérité éternelle, ne passeront point!

Au Credo.

Je crois, Seigneur, mais quelque vive, quelque universelle, quelque inébranlable, ce me semble, que soit ma foi, ma conduite ne me fait que trop voir combien elle se trouve faible et défectueuse; fortifiez donc par votre grâce l'infirmité de ma foi. Je crois toutes les vérités de votre religion divine, car c'est vous-même qui me les avez révélées. Mais que me sert d'avoir la foi, si je n'en fais pas les œuvres? Donnez-moi, Seigneur, une foi qui ne soit point stérile et qui se manifeste par mes actions.

A l'Offertoire, au Lavabo.

Daignez agréer, ô mon Sauveur! que, joignant mes intentions à celles du prêtre, je vous offre de plus ce divin sacrifice en action de grâces de tous les bienfaits dont vous m'avez comblé, et pour vous demander mes besoins spirituels et temporels.

Lavez-moi, Seigneur, de mes souillures, purifiez mon cœur et mon âme, afin que je puisse paraître devant vous avec moins d'indignité.

A la Préface et au Sanctus.

Voici le moment, divin Rédempteur, où vous allez descendre sur cet autel. Rien de terrestre ne doit plus m'occuper, mon cœur ne doit plus soupirer qu'après vous. Permettez-moi de joindre mes faibles louanges à celles des célestes intelligences, permettez-moi de m'unir d'esprit et d'âme avec tous les fidèles, et que tous ensemble nous disions, dans des transports de joie, d'amour, de reconnaissance et d'adoration : Saint, saint, infiniment saint est le Seigneur, notre Dieu! tout l'univers est plein de sa gloire. Que les bienheureux le bénissent dans le ciel, pendant que nous adorons sur la terre celui qui va descendre au nom du Seigneur, à qui soit honneur et gloire dans tous les siècles!

Le Canon.

Père suprême, c'est au nom et par les mérites de Jésus-Christ, votre fils et notre Seigneur, qui sans quitter le ciel va être réellement sur cet autel, que nous vous conjurons très-humblement de nous faire tirer tout le fruit de cet auguste sacrifice, dont la victime toute pure, toute-puissante, est infiniment agréable à vos yeux.

A l'Elévation.

Je vous adore, mon Seigneur et mon Dieu, ô Christ! mon Sauveur, réellement présent sous les espèces eucharistiques. Je vous adore, Agneau de Dieu, par qui tous les péchés du monde sont effacés. Victime miséricordieuse, c'est encore pour mon salut particulier que vous vous immolez sur cet autel. O amour infini! ô bonté sans bornes! que ne puis-je vous être offert à mon tour en sacrifice, et m'immoler moi-même pour vous!

Suite du Canon.

Je vous conjure, Seigneur, de prendre en pitié tous mes frères, toutes mes sœurs en Jésus-Christ, dont le pèlerinage comme le mien n'est point encore achevé. Ayez une souveraine commisération pour moi, Seigneur, comme pour tous les compagnons de mon exil. Daignez aussi abaisser un regard de compassion et de clémence sur tous les fidèles trépassés, qui sont encore dans la souffrance, mais particulièrement sur mes parents, sur mes amis, mes bienfaiteurs, mes ennemis. Tirez-les, Seigneur, en vue de ce sacrifice, de leur triste prison : ce sont des âmes qui vous sont chères ; daignez les admettre au doux séjour des bienheureux. Et moi, pauvre pécheur, je suis comptable à votre divine Majesté de bien des faveurs que vous m'avez faites et dont j'ai abusé; mais je vous offre une victime d'un prix infini. Votre fils Jésus-Christ, qui s'immole pour moi dans ce sanctuaire, est bien suffisant pour payer toutes mes dettes et pour me mériter de nouvelles grâces, quelque indigne que j'en sois.

Au Pater.

Voici, Seigneur, un enfant prodigue, qui, couvert de confusion, vient se jeter à vos pieds. Il a abusé de vos bontés; mais il se souvient que vous êtes son père, et il ose vous donner ce nom, ce nom que tout glorifie et qu'il a déshonoré. O père infiniment bon! laissez-vous toucher par mon repentir ; j'ai le vif désir de réparer mes fautes, de me consacrer entièrement à votre service, de vous donner des preuves de mon zèle pour votre gloire et pour l'établissement de votre royaume dans mon cœur et dans le cœur de tous les hommes. Que votre volonté, à laquelle j'ai eu la coupable témérité de m'opposer tant de fois, s'accomplisse miséricordieusement pour moi et pour les autres, sur la terre comme au ciel. Daignez pourvoir chaque jour à mes besoins. Pardonnez-moi toutes mes iniquités comme je pardonne sincèrement toutes les injures que j'ai reçues. Préservez-moi de toute rechute dans le péché, en éloignant de moi les occasions et les tentations dangereuses, délivrez-moi du mal que je dois craindre uniquement, c'est-à-dire de la perte de votre grâce. Ainsi soit-il.

A l'Agnus Dei.

Agneau de Dieu, immolé pour moi, divin Agneau qui effacez les péchés du monde, effacez mes péchés, donnez la paix à mon cœur.

A la Communion.

Qu'il me serait doux, ô mon Dieu ! d'être au nombre de ces heureux fidèles, vivant dans votre familiarité, à qui une conscience pure, une vie sainte, une piété tendre, permettent d'être admis tous les jours à votre sainte table ! Faites du moins, Seigneur, que j'y supplée autant que possible par la communion spirituelle. Si je ne suis point assez heureux pour recevoir aujourd'hui votre corps sacré, animez-moi du moins de votre esprit; au défaut de votre Sacrement, donnez-moi une partie des grâces qu'il aurait produites en moi, si mes infidélités ne m'en avaient pas rendu indigne. Mais donnez-moi au plus tôt les dispositions qui me manquent. Pain vivant qui êtes descendu du ciel pour m'apporter la vie, venez rassasier la faim d'une âme qui tombe en défaillance quand elle ne se nourrit point de vous; source d'eau vive, qui jaillit jusqu'à la vie éternelle, apaisez la soif d'une âme que rien ici-bas ne saurait désaltérer.

A la Postcommunion.

Que vous rendrai-je, ô mon Dieu, pour la faveur que vous m'avez faite, en me permettant d'assister et de participer spirituellement au sacrifice de votre corps et de votre sang? Mais mes actions de grâces en présence de mes besoins deviennent des demandes. Faites donc que mes yeux, qui ont eu le bonheur de vous voir caché sous les espèces sacrées, s'abstiennent désormais de tous regards capables de troubler la paix ou de souiller la pureté de mon âme; que mes oreilles, qui ont entendu votre divine parole, soient fermées à tous les discours contraires à votre loi ; que ma langue, qui vient de prononcer vos louanges et invoquer votre saint nom, ne soit point profanée par des conversations peu chrétiennes ; enfin, que mon cœur, embrasé du feu de votre saint amour, en assistant aux sacrés mystères, ne soit plus ouvert aux vaines préoccupations de la terre.

Au dernier Evangile.

Verbe éternel, fils unique et consubstantiel du Père, comme tout avait été créé par vous, tout a été aussi réparé par vous. Vous êtes la vraie lumière, sans vous il n'y a que ténèbres ; vous êtes la voie, qui ne la suit pas s'égare ; vous êtes la vérité, hors de vous il n'y a qu'erreur et que mensonge ; vous êtes la vie, sans vous et hors de vous on ne trouve que la mort. Ne permettez pas, Seigneur, que je sorte jamais de cette voie ; faites que je ne suive jamais d'autres vérités que celles qui me sont enseignées par votre Eglise ; que ce ne soit plus moi, que ce soit vous, Seigneur Jésus, qui viviez en moi. Ainsi soit-il.

VÊPRES DU DIMANCHE.

Pater noster, Ave Maria.

Deus in adjutorium, etc.

PSAUME 109.

Dixit Dominus Domino meo : Sede à dextris meis.

Donec ponam inimicos tuos : scabellum pedum tuorum.

Virgam virtutis tuæ emittet Dominus ex Sion : dominare in medio inimicorum tuorum.

Tecum principium in die virtutis tuæ, in splendoribus sanctorum : ex utero ante luciferum genui te.

Juravit Dominus, et non pœnitebit eum : tu es sacerdos in æternum, secundùm ordinem Melchisedech.

Dominus à dextris tuis : confregit in die iræ suæ reges.

Judicabit in nationibus, implebit ruinas : conquassabit capita in terra multorum.

De torrente in via bibet : propterea exaltabit caput. Gloria Patri, etc.

Ant. Dixit Dominus Domino meo : Sede à dextris meis. *Ant.* Fidelia.

PSAUME 110.

Confitebor tibi, Domine, in toto corde meo : in concilio justorum et congregatione.

Magna opera Domini : exquisita in omnes voluntates ejus.

Confessio et magnificentia opus ejus ; et justitia ejus manet in seculum seculi.

Memoriam fecit mirabilium suorum misericors et miserator Dominus : escam dedit timentibus se.

Memor erit in seculum testamenti sui : virtutem operum suorum annuntiabit populo suo.

Ut det illis hæreditatem gentium : opera manuum ejus veritas et judicium.

Fidelia omnia mandata ejus, confirmata in seculum seculi : facta in veritate et æquitate.

Redemptionem misit populo suo : mandavit in æternum testamentum suum.

Sanctum et terrible nomen ejus : initium sapientiæ timor Domini.

Intellectus bonus omnibus facientibus eum : laudatio ejus manet in seculum seculi.

Gloria Patri, etc.

Ant. Fidelia omnia mandata ejus, confirmata in seculum seculi.

PSAUME 111.

Beatus vir qui timet Dominum : in mandatis ejus volet nimis.

Potens in terra erit semen ejus : generatio rectorum benedicetur.

Gloria et divitiæ in domo ejus : et justitia ejus manet in seculum seculi.

Exortum est in tenebris lumen rectis : misericors et miserator et justus.

Jucundus homo qui miseretur et commodat, disponet sermones suos in judicio : quia in æternum non commovebitur.

In memoriâ æternâ erit justus : ab auditione malâ non timebit.

Paratum cor ejus sperare in Domino : confirmatum est cor ejus : non commovebitur donec despiciat inimicos suos.

Dispersit, dedit pauperibus, justitia ejus manet in seculum seculi : cornu ejus exaltabitur in gloriâ.

Peccator videbit et irascetur, dentibus suis fremet et tabescet : desiderium peccatorum peribit. Gloria, etc.

Ant. Qui timet Dominum, in mandatis ejus volet nimis.

PSAUME 112.

Laudate, pueri Dominum : laudate nomen Domini.

Sit nomen Domini benedictum : ex hoc nunc et usquè in seculum.

A solis ortu usque ad occasum : laudabile nomen Domini.

Excelsus super omnes gentes Dominus : et super cœlos gloria ejus.

Quis sicut Dominus Deus noster, qui in altis habitat : et humilia respicit in cœlo et in terrâ?

Suscitans à terra inopem : et de stercore erigens pauperem.

Ut collocet eum cum principibus, cum principibus populi sui.

Qui habitare facit sterilem in domo : matrem filiorum lætantem.

Gloria Patri, etc.

Ant. Sit nomen Domini benedictum, ex hoc nunc et usque in seculum.

PSAUME 113.

In exitu Israël de Ægypto : domûs Jacob de populo barbaro.

Facta est Judæa sanctificatio ejus : Israël potestas ejus :

Mare vidit et fugit : Jordanis conversus est retrorsùm.

Montes exultaverunt ut arietes : et colles sicut agni ovium.

Quid est tibi, mare, quod fugisti? et tu, Jordanis, quia conversus es retrorsùm?

Montes exultastis sicut arietes : et colles sicut agni ovium.

A facie Dòmini mota est terra : à facie Dei Jacob.

Qui convertit petram in stagna aquarum : et rupem in fontes aquarum.

Non nobis, Domine, non nobis : sed nomini tuo da gloriam.

Super misericordià tuâ et veritate tuâ : nequandò dicant gentes : Ubi est Deus eorum?

Deus autem noster in cœlo : omnia quæcumque voluit fecit.

Simulacra gentium argentum et aurum : opera manuum hominum.

Os habent et non loquentur : oculos habent et non videbunt.

Aures habent et non audient ; nares habent et non odorabunt.

Manus habent et non palpabunt : pedes habent et non ambulabunt : non clamabunt in gutture suo.

Similes illis fiant qui faciunt ea : et omnes qui confidunt in eis.

Domus Israël speravit in Domino : adjutor eorum et protector eorum est.

Domus Aaron speravit in Domino : adjutor eorum et protector eorum est.

Qui timent Dominum speraverunt in Domino : adjutor eorum et protector eorum est.

Dominus memor fuit nostrî : et benedixit nobis.

Benedixit domui Israël : benedixit domui Aaron.

Benedixit omnibus qui timent Dominum : pusillis cum majoribus.

Adjiciat Dominus super vos : super vos et super filios vestros.

Benedicti vos à Domino : qui fecit cœlum et terram.

Cœlum cœli Domino : terram autem dedit filiis hominum.

Non mortui laudabunt te, Domine : neque omnes qui descendunt in infernum.

Sed nos qui vivimus, benedicimus Domino : ex hoc nunc et usque in seculum.

Gloria Patri, etc.

Ant. Nos qui vivimus, benedicimus Domino.

Capitule.

Benedictus Deus, et Pater Domini nostri Jesu Christi, Pater misericordiarum, et Deus totius consolationis, qui consolatur nos in omni tribulatione nostra. ℟. Deo gratias.

Hymne.

Lucis Creator optime,
Lucem dierum proferens,
Primordiis lucis novæ,
Mundi parans originem.
Qui mane junctum vesperi
Diem vocari præcipis,
Tetrum chaos illabitur,
Audi preces cum fletibus.
Ne mens gravata crimine
Vitæ sit exul munere,
Dùm nil perenne cogitat,
Seseque culpis illigat.
Cœlorum pulset intimum.
Vitale tollat præmium.
Vitemus omne noxium.
Purgemus omne pessimum.
Præsta, Pater piissime,
Patrique compar unice,
Cum spiritu Paracleto,
Regnans per omne seculum. Amen.

CANTIQUE DE LA VIERGE.

Magnificat anima mea Dominum.

Et exultavit spiritus meus : in Deo salutari meo.

Quia respexit humilitatem ancillæ suæ : ecce enim ex hoc beatam me dicent omnes generationes.

Quià fecit mihi magna qui potens est : et sanctum nomen ejus.

Et misericordia ejus à progenie in progenies : timentibus eum.

Fecit potentiam in brachio suo : dispersit superbos mente cordis sui.

Deposuit potentes de sede et exaltavit humiles.

Esurientes implevit bonis : et divites dimisit inanes.

Suscepit Israël puerum suum : recordatus misericordiæ suæ.

Sicut locutus est ad Patres nostros : Abraham et semini ejus in secula.

Gloria Patri , etc.

ANTIENNES A LA SAINTE VIERGE.

Pendant l'Avent.

Alma Redemptoris mater, quæ pervia cœli
Porta manes et stella maris, Succurre cadenti,
Surgere qui curat populo. Tu, quæ genuisti,
Naturà mirante, tuum sanctum Genitorem,
Virgo priùs ac posteriùs, Gabrielis ab ore
Sumens illud ave, Peccatorum miserere.

℣. Deus in medio ejus;
℟. Non commovebitur.

Oremus.

Gratiam tuam, quæsumus, Domine, mentibus nostris infunde : ut qui, Angelo nuntiante, Christi, Filii tui, incarnationem cognovimus, per passionem ejus et crucem, ad resurrectionis gloriam perducamur. Per.

Depuis Noël jusqu'à la Présentation, inclusivement.

℣. Veritas de terrà orta est;
℟. Et justitia de cœlo prospexit.

Oremus.

Deus, qui salutis æternæ beatæ Mariæ virginitate fecundâ humano generi præmia præstitisti, tribue, quæsumus, ut ipsam pro nobis intercedere sentiamus, per quam meruimus auctorem vitæ suscipere Dominum nostrum Jesum Christum Filium tuum.

Depuis le lendemain de la Présentation jusqu'au Mardi saint inclusivement.

Ave, Regina cœlorum; Ave Domina Angelorum : Salve, radix, salve porta, Ex quâ mundo lux est orta; Gaude, Virga gloriosa, Super omnes speciosa : Vale, ô valdè decora, et pro nobis Christum exora.

℣. Elegit eam Dominus,
℟. In habitationem sibi.

Oremus.

Concede, misericors Deus, fragilitati nostræ præsidium; ut qui sanctæ Dei genitricis memoriam agimus, intercessionis ejus auxilio, à nostris iniquitatibus resurgamus; Per.

Au temps de Pâques.

Regina cœli lætare, alleluia; Quia quem meruisti portare, alleluia, Resurrexit, sicut dixit, alleluia. Ora pro nobis Deum, alleluia.

℣. Circumdedisti me lætitia, Domine;
℟. Ut cantet tibi gloria mea.

Oremus.

Deus qui per resurrectionem Filli tui Domini nostri Jesu Christi, mundum lætificare dignatus es, præsta, quæsumus, ut, per ejus genitricem Virginem Mariam, perpetuæ capiamus gaudia vitæ, Per eumdem.

Depuis la Trinité jusqu'à l'Avent.

Salve, Regina, Mater misericordiæ, vita, dulcedo et spes nostra, salve : Ad te clamamus, exules, filii Evæ : ad te suspiramus gementes et flentes in hac lacrymarum valle; eia ergo, advocata nostra, illos tuos misericordes oculos ad nos converte, et Jesum benedictum fructum ventris tui nobis, post hoc exilium, ostende, ô clemens, ô pia, ô dulcis Virgo Maria.

℣. Ora pro nobis,

℟. Dominum Deum nostrum.

Oremus.

Omnipotens, sempiterne Deus, qui gloriosæ Virginis Matris Mariæ corpus et animam, ut dignum Filii tui habitaculum effici mereretur, Spiritu sancto cooperante, præparasti, da, ut cujus commemoratione lætamur, ejus piâ intercessione ab instantibus malis et à morte perpetuâ liberemur; Per eumdem, etc.

℟. Amen.

PROTESTATION

Prescrite par N. S. P. le Pape Urbain VIII.

Je prie le lecteur d'observer que dans ce livre j'ai rapporté beaucoup de traits qui prouvent la sainteté de la personne dont j'ai fait l'histoire. J'y ai raconté des choses qui passent la nature et qu'on pourrait regarder comme de vrais miracles. Mon intention n'est pas de donner ces faits comme approuvés par la sainte Eglise romaine, mais seulement comme certifiés par des témoignages privés. En conséquence donc des décrets de Notre Saint Père le Pape Urbain VIII, je proteste ici que je n'entends attribuer à la personne dont j'ai fait l'histoire, ni la qualité de Bienheureux ni celle de Saint, reconnaissant l'autorité de l'Eglise romaine, à laquelle seule appartient le droit de déclarer ceux qui sont Saints; j'attends avec respect son jugement, auquel je me soumets de cœur et d'esprit, comme un enfant très-obéissant.

TABLE DES MATIÈRES.

NOTES TROUVÉES DANS LES PAPIERS DU PÈRE GASCHON.

FIN.

Clermont, typ. Paul Hubler, libraire, rue Barbançon.